萧红 传

我贪恋这泥淖里的温暖

孙雯 著

江苏凤凰文艺出版社
JIANGSU PHOENIX LITERATURE AND ART PUBLISHING

图书在版编目（CIP）数据

我贪恋这泥淖里的温暖：萧红传 / 孙雯著. -- 南京：江苏凤凰文艺出版社，2024.5
 ISBN 978-7-5594-7905-1

Ⅰ.①我… Ⅱ.①孙… Ⅲ.①萧红（1911-1942）—传记 Ⅳ.① K825.6

中国国家版本馆 CIP 数据核字 (2023) 第 149483 号

我贪恋这泥淖里的温暖：萧红传
孙雯 著

出 版 人	张在健
责任编辑	傅一岑 张 婷
装帧设计	融蓝文化
责任印制	杨 丹
出版发行	江苏凤凰文艺出版社
	南京市中央路 165 号，邮编：210009
网 址	http://www.jswenyi.com
印 刷	南京艺中印务有限公司
开 本	880 毫米 ×1 230 毫米　1/32
印 张	9
字 数	206 千字
版 次	2024 年 5 月第 1 版
印 次	2024 年 5 月第 1 次印刷
书 号	ISBN 978-7-5594-7905-1
定 价	48.00 元

江苏凤凰文艺版图书凡印刷、装订错误，可向出版社调换，联系电话 025-83280257

目录

第一章　父亲的囚徒　　001

第二章　倾城之恋　　023

第三章　从一个旅馆到另一个旅馆　　041

第四章　"大连丸"上　　061

第五章　在萧军身后　　073

第六章　春天　　089

第七章　去国　　117

第八章　败途　　　　　　　143

第九章　冷战　　　　　　　155

第十章　武汉七月　　　　　167

第十一章　匆匆临汾　　　　181

第十二章　西安诀别　　　　189

第十三章　新嫁娘　　　　　203

第十四章　主妇生活　　　　219

第十五章　命殒香江　　　　239

第十六章　身后　　　　　　261

第十七章　童年　　　　　　273

第一章 父亲的囚徒

第一章　父亲的囚徒

一

那不是跟父亲的最后一场争吵。

五间大屋，早在一年前，就充溢着弹药的味道。每一次，父亲张廷举都走来走去，如同被激怒的猛兽，眼里泛着血红，他把那几句话在心里憋许久，蕴满怒气，而后，直杵着冲将出来——"上什么中学？上中学在家上！"

劝了几次，亲戚朋友都缩回了头，闻声躲远。连原本权威的祖父也被挫了话锋，由高声转为嗫嚅。

大屋的土炕，成了她最初的牢狱，这牢狱由父亲一手搭建。

那一年，萧红十六岁。

她开始筹谋自己的逃离。

从1926年高小毕业，她已经在炕上躺了三个季节。这静默的对抗，除了积攒起自身病痛，并未激起父亲丝毫的同情。偶尔收到已升学的同学的来信：她们打网球，听英气逼人的男老师讲授学问，沉浸于新式学校的热闹。

这一切，与萧红全然无关，她只能困守于这小城的一隅。

大院里依然忙碌，忙着不同活计的有二伯、做饭的厨子、不断生育着孩子的继母梁亚兰，以及依然疼爱她的祖父。然而，她依旧觉得四周是空荡荡的。然而，空荡荡之中，却又拥堵着倾轧而来的愤懑。

后花园照旧是丰收的时节,秋菜也已经下地,金灿灿,绿油油。蚂蚱、蛐蛐,跳跃于黄绿之间。

但这些,已失了原有的诱惑。萧红不再是那个在后花园疯跑的小女孩。五六岁时,她忙于在后花园中驱散祖父的寂寞,而这十五六岁的年纪,她只想以走出这个园子来驱散自己的寂寞。然而,她只能在这幢房舍间,被继续囚禁。四处望望,幼时所爱的大躺箱、朱砂瓶、座钟与孔雀翎,都令人生了厌。

"你懒死啦,不要脸的。"这是父亲的叫骂声,他与继母联了手,对女儿施以最庸俗的诅咒。而后,他受不了那个女儿倔强的回击,一巴掌把她打倒在地。

显然,他不明白,也不能容忍一个少女心中的郁积与不满。在他眼中,那只是懒惰!对一个女子而言,还有什么比懒惰更为可恨。

家中的长女就这么一直"睡着",让在呼兰教育界也算呼风唤雨的父亲失了面子,动手打她,已不止一次。

倒地的萧红总是执拗地爬起,这叫父亲受不了——说到底,他需要的只是一个弱小、顺从的女儿,去践行他为她安排的所谓幸福生活。

可萧红不是,她总试图挑战父亲的尊严,直至把他的面子撕裂得血肉模糊。

近一年的苦挨,使萧红知道,这样的"睡着"无法撼动父亲。最终,她对这个家庭耍了一点小聪明。

1927年的秋天,萧红升学了——来到哈尔滨读中学。这里是她苦苦追求的自由世界,也是父亲最为惧怕的"东方莫斯科"。

不是什么人帮助我,是我自己向家庭施行的骗术。

第一章　父亲的囚徒

在《镀金的学说》中，她仅用一句话写下了当年的转机，然而，"骗术"为何？在她所有面世的作品中，找不到只字解释。

在后来的传言中，人们忍不住猜测，或许，萧红正是将以死相逼与屈服合二为一，才使得父亲暂时松手。

说起来，这"骗术"并无新意，街巷中的女子也时常为之。不同的是，寻常女子以死相逼，多是为了在鸡毛蒜皮的家庭琐事中争得上风，有些耍泼的意思；而萧红则是为了更为形而上的理想生活，而且，她是动了真格的。

那一日，照旧的争吵。

萧红不再躺着不语，抑或回敬父亲一句："谁才不要脸？"她搬出了一位做了修女的同班同学，扬言那将是自己的归途。父亲心下一凉，但表面上照旧是疾风骤雨。一旁的祖父着了急。祖父知道，如果照以往说："给她拿火车费，叫她收拾收拾起身吧！小心病坏！"终归是徒劳的。年届八十的老人拿出了萧红一般的决绝，若儿子不放手，他就了了自己的性命。

父亲大约从未料到这一出。

一老一小，假如一个出了家，一个没了命，这样的结局，远比让一个固执任性的女儿去哈尔滨读书要坏得多。

当时的情形如果真是如此，想来，父亲该是脸色灰白，连时而因被这个女儿惹怒而直竖起来的发丝都趴了下来。

也有人说，萧红答应了父亲为她物色的结婚对象，换得了父亲的放行。那个后来出现的汪恩甲，或许在此时就已经入了父亲的法眼。父亲对萧红的阻挠，未必不是源于他对一段门当户对婚姻的看好。毕竟，对于女儿，他还是了解的，一旦撒了手，他不能预知她将飞往何处。

父亲转身离去时，脚步都充溢着怒气。他屈服了。同时，他作为父亲的尊严也被摔得粉身碎骨。

这是萧红无数次逃离中的第一次。甚至，它为萧红短暂的一生渲染上基本的调子——

从此，她被囚禁于不同的男子身边，先是父亲，后是爱人。挣脱的苦心以及片刻自由的欢愉，最终，都被打入孤寂的寒凉。

二

1928年冬天，呼兰小城照旧被大雪覆盖。

雪一层一层堆覆，夹杂了烟囱里飘落的灰烬和世俗的气息，那原来的白，慢慢地，也就灰了。

酷冷的边地小城，街面上几乎没有行人，好动的孩子，也缩首埋进白雪后的堂屋。偶有卖馒头的老人走过，后脚掌缀满冰雪，步履维艰。

龙王庙路南的张家，却异常热闹。

十七岁的萧红订婚了。

这一婚约，自然是父亲做主，保媒的是六叔张廷献。父亲为离家一年的萧红找来另外一条绳索，那就是婚姻。

第一章　父亲的囚徒

所幸，那个叫汪恩甲的男子，看上去还算顺眼。他家住哈尔滨顾乡屯，其时，已从吉林省立第三师范学校毕业，在哈尔滨道外区基督教会创立的三育小学任教。

说起来，这桩婚事也是在两家知根知底的情况下确定的。

六叔张廷献和汪恩甲的哥哥汪大澄，当年在吉林省立第三师范学校读书时，是同班同学。毕业后，二人都在哈尔滨任职，交往甚密。而且，汪大澄在张廷献处见过萧红，这个沉静的女子，看上去端庄有礼，他也颇为满意。

对于订婚一事，萧红并未表现出极力的反对。且不管她在离家的当年，是否早已同意了这门婚事，若是只看眼前，这位汪公子总算识得诗书，也相貌堂堂。

订婚后，萧红与汪恩甲往来较为密切，除见面外，也常有通信交流。据说，萧红还给汪恩甲织过毛衣以表爱意。这段婚事，并无萧红想象的那般无趣，也并无世人想象的那般充满了父权的压制。

十几岁的女孩子，虽说叛逆，但对生活总是充满新奇。再说，东省特别区区立第一女子中学虽然不允许女学生随便与男性来往，但是，如果男方确系女生未婚夫，则网开一面。所以，校园里，不乏成双入对。订婚，亦满足了小女子那不能说出口的虚荣。

若是萧红就此收敛叛逆的脾气，生活就此平顺，她与汪恩甲或许能做一对终老夫妻。

然而，对于萧红而言，哈尔滨的东省特别区区立第一女子中学所给予的开放思潮与新式生活，远比眼前这个还看得上眼的男子更有魅力。因而，少女心思，哪能就此牵系于一人之身。

学校坐落于一处环境优雅的俄式住宅群中，老师们思想前卫，可读的书多了起来,她也开始尝试写作,并将那些小文发表于校刊。而且,她还有了人生中的第一个笔名——悄吟,即"悄悄地吟咏"。

在课外时间,萧红时常去野外写生,这所学校给了她一个关于绘画终身的梦想。

订婚时,萧红正在度寒假。假期未结束,祖父已经病重。

年初,萧红的学校来了开学通知信,而八十岁的祖父,却一天天变了模样。

祖父是这个家庭中唯一给予萧红温暖的男人。相比父亲给予的禁锢,祖父给了萧红一片开放自由的世界——那不仅仅是后花园里的花红柳绿,还有《千家诗》里的执着、浪漫,与一切的爱与失离。

"快快长大吧,长大就好了。"

这是祖父留给萧红永生难忘的絮叨。绵软,却是有力的。

因为祖父,萧红对世界仅存的温暖与爱,怀着永久的憧憬和追求。同样因为祖父,在离家的经年岁月,她笔下描摹的始终是呼兰这片土地。

夏天了,祖父却不能如草木一样,在炙热的阳光下撑起绿阴。他终究还是没有撑住。

6月初,萧红在学校得知祖父病故的消息。匆忙赶回,还未踏入家门,便见白色幡杆高挂,空气里鼓噪着鼓手吹奏出的哀号。祖父安静地躺在床上,手是冰凉的。后花园一个童年的欢笑,从此,让他带走了。

祖父下葬的那天,后院的一树玫瑰正开得艳丽招摇。那花有多艳丽,萧红的心就有多凄绝。往年的六月,祖父蹲在菜地里拔草,萧红时常将红彤彤的玫瑰在祖父的帽檐上插满一圈,祖父并未察觉,只是

第一章　父亲的囚徒

会说——今年春天雨水大，咱们这棵玫瑰开得这么香，二里路外怕也闻得到的。只有那时，祖母与父母才都能开怀大笑，而萧红可以笑得在炕上打着滚。

就在三个月前，家里还大摆宴席，为祖父庆祝八十大寿。此时的父亲，已经是呼兰的教育局局长。宴席上来了不少头面人物，他们撑起了父亲的面子。而对于祖父而言，这如同一场喧闹的回光返照，并未能挽留他已然走向颓弱的生命。

1928年6月4日，由北京返回东北的奉系军阀首领张作霖被炸身亡。此前，日本为了进一步控制东北，迫使张作霖正式签订《满蒙新五路协约》，激起东北各界抗议。

11月，哈尔滨的学生走上街头，为衰弱的民族呐喊。萧红成了他们中的一员。她在散文《一条铁路的完成》中记叙了这个故事。

一场游行，如同一个仪式，将个体的命运与时代的风潮合二为一。

热血与激情，一直隐匿于年轻人的身体里，危亡关头，这些年轻的男女总是不由自主地卷入其中，呐喊出历史的呼啸。

祖父离去，让萧红失去了在家庭中最后的庇护和精神支撑，仅剩下"冰冷和憎恶"。奔丧回来，她小心翼翼地收拾好旧忆，偶尔在内心痛哭一场。白日里，掩盖着伤痕，照旧生活。

如萧红一样，东特女一中不少女学生有未婚夫，那些男子基本都在哈尔滨工业大学、法政大学读书。似乎，只有这样，他们看起来才更像比肩的一对。不知是为了迎合这样的风气，抑或是其他的原因，不久，已在三育小学执教的汪恩甲，也进入法政大学读夜校。

然而，这样的刻意，并没有让两人的情感更为牢靠。

多数时间，萧红与汪恩甲，她读她的书，他教他的学。少女的芳心，当然不会因为一个与她订了婚的男子而收起探索世界的触角。

越来越多的公共活动，让萧红扩大了自己交往的圈子，从女子学校的单一性别世界中跳脱而出，并结识了一些校外的男生。相比较之下，在那样的时代，汪恩甲这样的青年，不但没有那么热血，反而多了份老式的颓然。

陆振舜是萧红的远亲，在哈尔滨法政大学就读，如果未曾遭遇这位"表哥"，萧红或许一时还找不到恰当的机会来反对父亲为她安排好的未来。

陆振舜与萧红的表兄妹关系，可是八竿子才能打得着的。

陆振舜家住哈尔滨太平区，出身地主家庭，他的母亲是张廷举父辈所在的福昌号屯的张家二姑，但这位张家二姑与福昌号张家并非直系亲属。不过，拉扯起来，陆振舜与萧红也算是姑表兄妹的关系。

与萧红相识时，陆振舜早有妻室，但这未能阻止陆振舜对萧红的爱意，而萧红，对这位表哥，也颇多好感——不是他多么值得爱，而是他代表着与汪恩甲全然不同的未来。

虽然，这样的未来，在后来也令人嗟叹。起码，在这个男人面前，内心描绘的种种在那时那刻鼓荡着萧红的内心。

不久，萧红与陆振舜就彼此有意。然而这段感情不能绕过汪恩甲，更不能绕过父亲。

萧红向父亲提出——去北平读高中并解除与汪家的婚约，遭到了父亲的拒绝。到底，她如同一粒筹码，如果牵扯到父亲的脸面，她的幸福与否，绝非是他终极的注目之所。

由此，萧红陷于痛苦，但她并没有止于痛苦。

1930年夏天，萧红即将初中毕业。她所在的班级，最开始有

第一章　父亲的囚徒

四十多人,到毕业时仅剩一半。她们的去向,都是结了婚,去做贤妻良母——这是多数女孩子的目标,即使在今天,也是如此。

对萧红而言,家庭围成的壁垒,铜墙铁壁。能来哈尔滨读初中,已是不易,要去北平读高中,简直难似登天。那位愤怒的父亲,又该向她施予怎样的责打?这是一条不敢想象的来路。

而那在呼兰跋扈着的父亲,也算计好了女儿的后半生——催她回家与汪恩甲完婚。本来,萧红在哈尔滨读书参加学生运动,就已经令张廷举十分不满。父亲已与汪家约定,等萧红毕业后就立即完婚,这样,也可以收了萧红的心。

那个夏天,还是在那五间大屋,父亲与继母同时"开火",一场大吵如同三年前的翻版。不同的是,这次没有了祖父的支持,而父亲,自然不会再做让步。

继母则如同早有预谋,在一家人吵得不可开交之时,大开院门。

探头探脑的乡邻无须耸了耳朵去捕捉大院之中的吵闹,他们直接围了上来,目光灼灼地盯着这位梁氏管教不了的前房女儿。

继母与前房的孩子,总有说不清楚的纠结。任何一个,大约都希望众人所见,是他人的恶和自己的苦心。

所以,继母自是不满足于将萧红置于邻人的围观,还托人把此事告知萧红大舅(萧红生母姜玉兰的弟弟)。大舅专程赶来呼兰管教外甥女,扬言"要打断这个小犟种的腿"。

萧红是铁了心要与横亘在面前的长辈翻脸了,大舅来的那天,萧红不但不服"管教",还从厨房扛出了把菜刀。

大舅本是昂然而来,教训外甥女或是其次,他或许也想证明在姐姐死后,娘家的地位依旧未曾撼动。然而,在执拗的萧红面前,他这场戏演砸了。大舅未曾想到,那个尚且娇弱的外甥女竟然执了菜刀向自己奔来,全然是可斩了亲情旧故的模样,他也只有积了愤懑,拂袖而去。

萧红也不是全然的胜者,如果说在此之前,萧红对父亲与继母仅仅是不满的话,那么这次吵闹之后,则是怨愤了。她的过激,也让族人无法接受。三年前,她尚且能得到一些怜惜,此时,大约不再有人施予她任何同情。在旧有的家族结构之下,这一次,萧红得罪的是所有人。

萧红自然也想通了去路,她不想在这个家庭浪费太多精力,早已"预谋"了另一场出走。

不过,此时,对于束缚住这个女儿,父亲依然是胸有成竹的。萧红马上就要毕业了,张、汪两家已经开始在为萧红的嫁、娶做准备,他们拧出一副甜美的绳索,随时准备甩出去,如套马索般,拉回倔强的女儿。

萧红也得知了哭闹的无用,她同意与汪恩甲结婚,并佯作欢欣的姿态。而后,从家里骗取了一大笔钱,伺机偷偷离开哈尔滨。

娜拉出走,是为了免于成为男人的附庸。而萧红的出走,则是对父权的反抗。

"不是堕落,就是回来。"在鲁迅先生的眼中,这是娜拉的结局,但对于出走的萧红而言,她未曾堕落,却不得不回来。

第一章　父亲的囚徒

三

北平的秋天，天高云淡，连心情都跟着明澈起来了。

出走后的萧红，蜗居于西单附近二龙坑的一座小独院里，院中有一棵大枣树。正是枣儿落竿时节，萧红、陆振舜，还有李洁吾等一大帮在北平求学的东北青年在树下闲坐，捡一颗塞进嘴里，真甜。

小独院有八九间房，北面，是三间带廊子的北房，萧红与陆振舜分住在这北房的两头，一人占用一间。

在走进北平的秋天之前所经历的围堵，萧红已不愿意提起，她此刻在意的，只是眼前的自由舒畅。

早在1930年4月萧红未到北平之时，陆振舜就已先行从哈尔滨法政大学退学，来到北平中国大学就读。如果没有这位表哥的接应，萧红的出走或许没有那么顺利。而后，二人将二龙坑的这座小院经营成年轻人的沙龙聚居地。理想、志趣、生活、希望——所有的话题都可以远到无边界。然后，欢笑，悲歌。

萧红的出走，是以爱情之名，可到北平后，她发现，自己与陆表哥的感情，大约仅仅存留于好感的阶段。她出走的真正目的只是来北平读书，绝不是寻爱。当然，不可否认，陆振舜的怂恿起了很大作用。

陆振舜则不这样认为，在他眼中，萧红前来北平，是爱情的缘故，是对自己的追随。因而，萧红来北平不久，陆振舜便写信回家，要求和妻子离婚。与萧红朝夕相处,他难免有非分之想。

这段往事,李洁吾在回忆萧红的北平生活时,曾有所涉及。

李洁吾与萧红相识于哈尔滨,但他们深厚的友谊则是这个时候开始结下的。李洁吾常去小院看望萧红,每次,他轻拍门环,萧红就知道"洁吾来了"。

有一次,李洁吾刚一进屋,萧红就交给他一封信,并嘱咐他回到学校再拆开来看。

见此情形,陆振舜慌了,转头问萧红:"啊!你到底把信给他啦?"

"嗯。"萧红平静地回答。

信里写的是什么?李洁吾想,也无须回学校再看,就当着二人的面拆开。原来,萧红在信中向李洁吾告状,说表哥对她无礼。

那个时候,李洁吾二十二岁,正是压不住脾气的年纪。他把陆振舜狠狠地骂了一通,陆振舜因此呜呜咽咽地哭起来……此后,一个星期左右的时间,李洁吾没有踏步这座小院。

不过,随后的一个星期天,陆振舜和萧红一起去学校看望了李洁吾。后来,二龙坑那座小院的门环又开始时常响起——啪啪!啪啪!……

于萧红而言,北平最大的诱惑是新式学校生活。爱情,实在如同一个装饰,或者说,帮她背了个恶名。因此,当她在女师大如饥似渴地吞食那些旧日不曾有的见识时,呼兰县城的亲友可能还在叹息着她的私奔之举。

张廷举如同被当众抽了两记耳光,他与张家人不得不承受着巨大的舆论压力。而且,这样的舆论直接影响到张廷举的仕途。此时,他已经由呼兰教育局局长升任黑龙江省教育厅秘书。而后,因教子无方,张廷举被解除现职,调至巴彦县出任督学兼清乡局助理员,在呼兰上

第一章　父亲的囚徒

学的张秀珂随父亲转至巴彦县立中学。

张廷举自然不会放过陆振舜的家人，不断给陆家施加压力。最终，陆家人得知儿子和萧红的住所，自此，两家人不断写信催逼萧红回家与汪恩甲结婚。

快意，总是去得那么突然。转眼，到了中秋节。

那些远在北方的家长，总有办法将鞭子探伸过来，扼住这些试图逃离的年轻人的咽喉。

中断他们的经济来源，那是真真切切地扼住了咽喉。

北平的秋意已浓。

萧红打着喷嚏穿着单衣前往学校，在因寒凉而起的头疼中，上几天课，休息两天。如此循环。挨到冬天，在漫天的雪中，那身单衣，已几近透明了。初秋时短发西装的萧红，在贫寒中已找不到当初的少年意气。

家里来信了，还是父亲不容置疑的腔调，以及萧红避之不及的话题。

回家！结婚！

此外，没有一件御寒的衣物，更不要谈让人温暖的字句。

陆家，开始只是威胁将不再供给生活费。但这样的耐心，没有持续多久，第一个学期即将结束时，陆家下了最后通牒——如果寒假返家，就寄路费，否则将彻底断绝生活供给。

朋友那里，实在不能接济了。李洁吾已当掉了自己的被子，换得两元钱，为萧红买了"小煤炉"和取暖用的煤。然而，两元钱所能购置的御寒之物，在冬日的铜墙铁壁之前，不堪一击。身边那些穷困朋友的馈赠，让无助的冬天有了些暖意。可是，很快，萧红又到穷途末路。

衣服结了冰般，床上也结了冰般，萧红在1933年的《中秋节》

一文中，曾有如此哀哀的叹息。

陆振舜妥协了，萧红又能如何坚持？在贫病交加中，那个说好要同甘共苦的男子先退缩了。他们只能顺着来时的路返回，只是，相比半年前的执意，此时的心情，灰败到了极点。

放寒假了，借着陆家的路费，萧红与陆振舜回到东北。

这次，萧红的父亲再也不敢大意。

他如同一个猎人，在深冬的雪中扫出一片空地，撒几颗粮食，而后伺机等待饥饿的女儿自投罗网，把手中的线绳一拉，将她围困于密匝匝的罗网中。

萧红一回到家中，就被囚禁起来了。

一个寒假，竟成一场畏途。这一切，北平的朋友毫不知情。李洁吾去信询问，才得知，萧红已成了父亲一双大手中无力挣脱的鸟儿。陆振舜还透露了另一个信息——如果有五元路费，萧红就能从呼兰逃出来。

另有一说，回到东北的萧红，并未立刻返回呼兰，而是被汪恩甲安排进哈尔滨道外区十六道街的东兴顺旅馆。经过这一番折腾，她实在没有勇气回到那个家，汪恩甲，此时毕竟仍与她缔有婚约。况且，若要继续求学，陆振舜已不能依靠，从汪恩甲身上，或许能寻到一丝可能。虽然，汪恩甲亦不能给她十足的支撑，但在那样的环境下，只有这个男人尚能帮她一把。

萧红已没有更多的选择。

这样一来，在那间后来几乎改变了她人生的旅馆中，萧红和汪恩甲对未来势必有所计划，显然，她洞察了汪恩甲个性中的弱，以及对她的高看。她答应嫁与汪恩甲，但必须两人一起到北平继续读书。

第一章　父亲的囚徒

以汪恩甲的个性，自然不会推却这样的打算。

东兴顺旅馆的同居，大约从这个时候已经开始。

第二年2月底，萧红果真回到了北平。

不过月余，再次相见，萧红与之前已大不相同。

她赠予李洁吾一小瓶白兰地和一盆马蹄莲，之前脸上的病弱被荡平了不少，衣着也阔绰了起来，据说，那是汪恩甲为她添置的。

李洁吾凑的那五元路费，不知是否担当了预想中的作用，而萧红又是以何种方式再次逃脱父亲的掌心？

关于来去，她不语，只是殷切地说到在北平的学业。

原本，北平的故友以为，这个倔强的女子，突然有了寻常的愿望——是呵，不过是草木一生，嫁与汪家，又有什么不好？就算不是锦衣玉食，总还丰足安然。

她没有。

只是，继续读书一事，李洁吾有心无力。二人商定——等陆振舜回来，再作筹谋。

然而，表哥陆振舜久久不回，未婚夫汪恩甲却来到了这座小院。

那一天，汪公子看似熟门熟路，径直到了二龙坑的西巷小院，在小屋落座。对于汪恩甲的到来，萧红愕然又尴尬。诚然，她对他妥协了，还对他有所托付，只是，未曾料到他来得如此贸然。

汪恩甲曾是萧红反抗父亲的旗帜。如今，他反倒成了一个拯救者，清扫着萧红的贫病，又耀武扬威地踏入她与友人的一方领地。

对这座小院里的贫穷却又活得热烈的男女，汪恩甲显然是不屑的。然而，他的到来，又分明是有所预谋，还带了表演的道具。他看似漫不经心地把玩着一摞银元，它们反复从汪恩甲的手中滑落、摩擦、撞击着桌面。那些银元,正是他手中的武器,最为庸俗也最为切实。

汪恩甲的千里追踪,虽有深情,但,未必不是想昭示他的强大。这强大既有男人的自尊,又有金钱的优越。

自那天起,萧红开始平静地告知友人,自己要和"汪先生"结婚了。

逼迫她的,先是"森森的天气",而后,是父亲、继母,是来自家族的那一张张血红的唇,还有自己无法成就自我的梦想。

萧红在北平总共住了二十多天,而后和汪恩甲一起离开,起身那日,并未和朋友辞别。

四

从呼兰到阿城的福昌号屯,有一段不短的距离,斜向西南而行,而且,要跨过松花江。

3月,东北仍如同隆冬。朔风刮着耳廓,有尖利的疼痛。

继母带着萧红,还有乌泱泱的一大家子人,匆忙赶路。

呼兰,是待不下去了。

那天,汪恩甲如同一个押解者,将萧红带回父亲的身边。

嫁就嫁吧。既然无法挣脱父亲编织好的绳索,不如戴上它,虽说

第一章　父亲的囚徒

行走得缓慢、痛楚，却也是另外一种形式的自由，只是来得没有那么痛快而已。

然而，一个订了婚的女子，随随便便就跟一个男人跑了，且几个月同居一所。如此标新立异的出走，超出了呼兰小城人的承受范围。

汪家，亦无法容忍如此的"伤风败俗"。

首先跳出来的是汪恩甲的哥哥王大澄。当时，他牵线为弟弟觅了这门亲事，本是昭显自己眼光的机会，不料结局如此。他便自作主张要代弟弟解除婚约，摧毁这让汪家人碎了颜面的约定。

此前，萧红以为说服了汪恩甲，那么两人同赴北平求学，未尝不是美好的愿景。但是小城的口舌，打碎了她的如意算盘。

汪大澄听闻弟弟与萧红在旅馆同居一室，十分气愤。对于汪家而言，萧红的出走已经让他们大扫颜面，而汪恩甲之举，明显少了骨气，也是辱没家门。

事已至此，萧红和汪恩甲的婚事，已从自己愿不愿意嫁，变为汪家愿不愿意娶。只是，萧红还未意识到这一点。她原本圆满的打算，被这桩被强迫的"离婚"击打得风流云散。

可这"弃妇"的名头，她绝不愿戴在头上。二十年，每每前行，处处受阻，但萧红的生活从来都是"我要做什么"，她不会屈就于他人的安排。

第二天，萧红找来律师，拟好一纸诉状，控告汪大澄代弟休妻。萧红料定，这个官司，汪大澄难免一输。

张家虽对萧红此前的种种举动痛恨无比，然而，若自家女儿就此成了人家的弃妇，家族的脸面更是无处可放。

因而，萧红的状告，竟得到家人空前的支持——庭审那日，张廷举、梁亚兰及另外一些族人都来了。本来，他们不过是坐等汪大澄败诉，然而，汪恩甲怕哥哥受到制裁，毁了名声，在法庭上承认并非汪大澄横加干涉，而是自己要求离婚。

既是如此，法庭便当场取消了汪恩甲和萧红的婚约，宣布他们离婚。

这是意料之外的结果，昂扬而来的张家人黯然而去。

最为黯然的，自然是萧红的父亲，这任性的长女，大约从未让他有一刻的安心，而这一次，彻底毁了他数年的经营，甚至搭上了家族的前途。

小城的乡民，或窃窃或高声，茶余饭后，眼角和嘴角闪烁的都是张家长女的所为，说到最后的残局，不免哂笑一声。

福昌号屯是父亲的大本营，是王阿嫂、长青们生活的地方，是穷人的生死场。

那里，有父亲的继母以及兄弟姊妹几十口人。十二岁那年，父亲从阿城到呼兰，承欢于张维祯夫妇膝下。而后，继续读书，成为小城的头面人物。从此，与这一江之隔的出生地，并无太多瓜葛。

张廷举大约从未想到，中年返家，竟是这样的仓皇。原本，这被过继出去的儿子，虽乡情无多，亦需要一场盛大的返乡，在众目灼灼下，来成全自己难以言说的心情。

如今，当然也是众目灼灼，然而，乡邻的目光却让人不敢触碰，对视之余，总是内心的破碎之声。

这样的返乡之路，走得着实艰难。

在福昌号屯张家的腰院，萧红被软禁了。

逃避众人的指指点点，只是张家一己的愿望。在这里，萧红照旧身处旋涡。那些议论，原本只是窃窃耳语，在亲友间流传，不久便汹

第一章　父亲的囚徒

涌澎湃，于红嘴白牙之间，演绎成一段传奇。到后来，众人的目光肆意起来，他们将萧红上下扫过，眉目中只有不屑与欺凌。

那些面目凛然的长辈，哪能任她在屯子里游荡。

继祖母如同一个严苛的狱卒，恨不得将她用铁镣锁住。实际上，她也以目光打造出一副铁镣——她尾随着萧红，连睡觉都要与萧红同住一方土炕。

继祖母极受不了萧红倚靠墙根的哭啼，每当此时，她的眼珠几乎要从眼眶中跃出，掉落到地面上，头上那根银簪在北方清冷的日光下闪着寒光，她咒骂着萧红让张家出了恶名，恨不得将这丫头扫地出门。

脾气暴躁的大伯患有轻度精神病，他总将因病而生的暴力施加于萧红。

二十岁了，萧红依旧逃脱不了这个家庭的男人所施予的"管教"。唯一的温情大约只来自大龄未嫁的姑姑和刚过门不久的小婶，同为年轻女子，只有她们的心能靠得近一些。

转眼已是十月初，从暮冬到次年初秋，萧红已经在这寂寞冰冷的大家庭生活了半年之多。

中秋节已过，关外农人正忙于最后一茬收获，园子里的白菜被拔起，削去干黄的外部叶片，白生生的，在南墙根被整齐地码好，等待进入酸菜腌缸，或者踏入城市进行另一轮贩卖。

这天清早，一辆运送白菜的大车从福昌号赶往阿城。路上行人不多，灰白的霜凝于落叶与片瓦之上，那马蹄声倒是有了清幽的味道，但细细听，还夹带着些急迫。

萧红，就被堆砌在这一车白菜中。姑姑和小婶趁夜，将她托付于赶大车的农人，她如同货物，等待着未知的命运。

还好，一路顺遂。在阿城，萧红乘火车赶往哈尔滨。

太阳出来了，黄了叶子的草木蒸发出属于秋天的零落味道。福昌号屯几近沸腾了。萧红只身逃走——这消息在阳光下冒着热腾腾的气。

父亲闻讯赶来。此刻，他只有绝望。他也知道，那个任性的女儿再也寻不回来了，出走之前，那汪姓的绳索，已被她撕咬着扯断。

罢了，父亲继而宣布，开除萧红的族籍，严令家中其他子女和她有任何来往。

父亲彻底放手了，萧红彻底解放了。

福昌号屯是张家的根基，萧红贴近地面，将自己与这个庞大家族的联系拗断。而后，放逐自身于奔流的岁月。

这次，是再也回不去了。

那原野上抖动的高粱与呼兰河畔枝桠横生的白杨，从此成了梦中的幻影，只存留于她的吟咏之中。

第二章 倾城之恋

第二章　倾城之恋

一

哈尔滨的初冬，扑面而来。

萧红居无定所，有时留宿于同学家，有时流连于堂妹的学堂，过一天算一天。

朔风紧了。

常常一整天没吃东西的萧红，行走于哈尔滨的白天和黑夜。

一身单衣无法抵御寒冷，这种来自身体的痛楚，让她对那个厌恶至极的家，有了一丝怀念。不过，这怀念肯定是远离父亲的。在《过夜》里，她只是写下了故乡的马房与狗窝，走在冰冷的街市中，她记得那里的温暖和安逸，以及一夜安睡。

她敲打着姨母家的门，狗吠声淹没了她的求助。

倒是色衰的娼妓在深夜里收留了她，并施予果腹的饭食。第二天临走，那女人看上了她的套鞋——三块钱买的，五角钱总可以卖出。可在前夜，那鞋早被老娼妓收留的十三岁的雏妓金铃子偷去卖了。老娼妓咒骂着，咒骂自己的"不中用"，还有那个孩子的"不中用"。

岁月，在侵蚀着老的，又未能让小的独当一面，连廉价的出卖都那么艰难。

萧红只好脱下单衫，留给这女人，任凭她去当去卖，反正都不值钱。

她穿一双夏季的通孔鞋，走出这间喑哑的屋子。积雪继续在脚底呼叫，撒一行绝望的苍凉。

已记不清楚是哪一天，反正是这初冬里的平常一日，萧红在街上遇到了堂弟。

如果自己是男子，该也如堂弟一样，端坐在学堂里。然而，如果仅仅是如果。流浪在这寒天雪地里，才是她当下的命运。

堂弟劝她回家。这冷，这饿，是他不能想象的绝境。

找了一家咖啡店，坐定。搅着手中的那杯咖啡，萧红却是未有的平静。

也许漂流久了的心情，就和离了岸的海水一般，若非遇到大风是不会翻起的。（萧红《初冬》）

然而，堂弟的担忧，还是激起了她心中的风浪，那是关切的问询，亦是一种面向过去的驱赶。

那样的家我是不能回去的，我不愿意受和我站在两极端的父亲的豢养……（萧红《初冬》）

然而，他们都是渺小的同情者与被同情者。面对他者的命运，却乏于伸手扶持的能力。

堂弟离去了，走向与她相背的方向。如同张氏家族留给她的背影，自此陌路。不过，堂弟那黑的眼眸和温厚的大手，在她荒凉的心原留下片刻的温热。

该继续赶路了，她穿过一个个街口，在寒风中咳着、走着，毫无目的。

第二章　倾城之恋

二

大地冰结。

她再也拖不动脚步了。

家不能回了，偌大的哈尔滨，只有汪恩甲那里是萧红尚未涉足的地方。大约连萧红自己都未曾想到，1931年11月中旬，她与汪恩甲再次住进了位于哈尔滨道外区正阳十六道街的东兴顺旅馆。

那是一场怎样的相遇？

任凭我们如何有想象力，都无法还原那一刻的错愕与荒诞。那场官司之后，汪恩甲曾对萧红说，法庭的离婚并不算数。可闹上公堂的私事，在那样的年代，又怎能凭一句"不算数"了之。或许是仍然心怀歉意，或者是对萧红仍有情意，汪恩甲再次接纳了她，无论这样的接纳对于萧红而言是多么残酷的折磨，毕竟，她无须露宿街头。此时，活着才是萧红所需要的东西。

许广平回忆萧红流浪哈尔滨的经历时说："秦琼卖马……然而有马可卖还是幸运的，到马也没得卖的时候，也就是萧红先生遭遇困厄最惨痛的时候。"

生的艰难，足以摧垮一切精神的构建。在不少有关的文字描述中，汪恩甲有诱骗的嫌疑，然而，若不是活不下去，萧红又如何肯走这样的路。

东兴顺旅馆，至今仍在那里。它的背后，甚至内里，大都已被玛克威商厦侵占，萧红于此的生活旧迹，也被掏空，仅存一间陈列室，长年累月地锁着。里面，是翻拍的旧照，以及萧红的石膏头像。

虽多是复制与翻建，可目睹那从历史中侥幸逃生的旅店，依然叫人心生安慰。起码，萧红曾经立在那一方阳台，手抚栏杆，向未来的我们眺望。

于是，这里的故事，有着萧红的温度，只是，我们从未深入其中。

读书的事，萧红念念不忘。

虽因无奈依傍汪恩甲，但生活稍微安稳之时，萧红依然想着重返学堂。1932年的春天，萧红的堂妹帮忙，征得哈尔滨东特区第二女子中学学监与训育主任的同意，萧红可以在高中一年级插班读书。

只是不久，萧红又亲手打碎了自己的梦想，不辞而别。

她怀孕了。她二十一岁。

即使不爱，在那样的严冬以及寂寞里，男女的欢愉会叫人忘记现实的哀凉。她在那些暗夜里不管不顾了。

当初住进东兴顺旅馆，汪恩甲身上并无多少钱。但老板了解汪恩甲的家世，并不担忧。况且，九一八事变之后，兵荒马乱之年，也无多少人住店，这也是二人能顺利住进的原因。几个月之后，他们已经拖欠了旅店六百多元的食宿费。

为了还清欠账，也为了腹中的胎儿，二人商定，由汪恩甲回家运筹，让母亲接受已经与他解除婚约的萧红以及腹中的孩子，并帮他们还清欠债。

汪恩甲走了，但，这一走再无消息。

第二章　倾城之恋

一个月之后，旅店的老板失去了等待的信心，将萧红作为人质扣押在二楼甬道尽头一间发霉的储藏间里，并派人严加看管。老板已经盘算好了，如果过一段时间汪恩甲还不回来，就把萧红卖入道外的"圈儿楼"（妓院）抵债。

汪恩甲几乎是人间蒸发。他走出的，不仅仅是东兴顺旅馆，还有之后萧红的生活，以及所有的文字记叙。

在萧红的一生中，汪恩甲不是一个光彩的角色。他背着负心的恶名，开启了成年后的萧红与男子角逐的苦痛。

关于他的去向，多数人宁愿相信——他不过是一个逃兵，无力为一个女子撑起一片天地，又惧怕家族的责难。干脆，一走了事。

然而，我们不能忘记，这是兵荒马乱的 1932 年。这一年的 3 月，日本扶持的伪满洲国成立，溥仪在长春那座压抑的宫殿里，做着最后的帝王梦；而东北的平民，则常被无辜屠杀或失踪。

汪恩甲未尝不是路途中突遇变故。原本，沿着这样的方向想下去，后来的旁观者会获得一丝宽慰。可这样的结局，依旧是萧红的苍凉。如果汪恩甲不是负心，如果他不是突生变故，如果那个家庭接纳了她，萧红或从此做一介平常妇人，相夫教子，未必不是一种幸福。

可这些假设从不存在。

去年的五月
正是我在北平吃青杏的时节
今年的五月
我生活的痛苦
真是有如青杏般的滋味

这是萧红写于东兴顺的《偶然想起》，说是偶然，其实酸涩早已印刻于心。她挺着肚子，与其说是等待，不如说是绝望。

三

这间小小的储藏室，面对的是宽阔的街道。街上人来车往，任凭谁抬起头，都无法看清二楼那一张凄楚的脸。

肚子越发大了，走动都费力，她甚至都没有扑地赴死的勇气，或者说，她仍有生的热望。小楼下的市声，偶尔也会让她心中划过一丝光明——她本也可以生活在那一片喧闹之中。

进入夏天，雨下得绵延不绝。离东兴顺旅店不远的松花江水已泡软了年久失修的堤岸。

手边，有一张《国际协报》，副刊上有文艺作品，也登载普通人的诉求。之前，给李洁吾的去信，久未有回复。这一刻，正好有纸笔，萧红便投书《国际协报》，诉说险境。

人的命，有时就是在偶尔一试中改变的。就这样，如困兽一般的萧红，开启了她的另一段生活。

那个叫萧军的男子，彼时还称三郎。

第二章　倾城之恋

1981年，呼兰河畔的萧红故居前，一个老人留下了他与这座房子的合影。他身着宽大的衣裤，拄了拐杖，挽起裤腿，只有眉宇间还有些旧日味道。那是七十四岁的萧军。

只是，没有萧红与他并肩，他只是一位叫作刘鸿霖（萧军的原名）的老人。

人生若只如初见。

那清瘦的少年，终究敌不过岁月。反倒是萧红，永远停驻于过去，虽是贫病一生，但在后人看来，她始终手握一把丰盈的年华。时间即如此，残酷又慈悲。

萧红最初的求助信到了《国际协报》副刊主编裴馨园的手中。裴馨园是一位极富正义感的知识分子，得知萧红的处境，他带了几名年轻的作者前去探望。裴馨园对旅店老板发出警告，要他停止虐待孕妇，并恢复食物供应。

裴馨园的造访，让萧红仿佛看到了一根可救命的稻草。第二天，她以想要几本书看为由，往《国际协报》编辑部打了好几次电话，裴馨园不在，暂代他处理稿件的三郎接了电话。那天下午，裴馨园给萧红准备了两本书，还写了一封信，让三郎前去代为安抚。

几个月未下楼的萧红，对每一个心怀善意的人，都充满了倾诉的欲望。书和信件交到了萧红的手中，可她怎肯放他走。

然而，三郎的眼前，不过是一个落难的女子，他未想多留。

不过，他仍是向四周扫了一眼，桌上有破碎的旧报纸、未洗的碗筷，还有一地凌乱的纸屑。然而，凌乱堆放在床上的诗稿，半幅铅笔素描画，还有仿照魏碑《郑文公》字体勾下的几个"双钩"大字，让他定住了目光。

一个下午的长谈，一扫三郎的漠然。原本，他以为这被囚禁于阴暗储藏室的女子，不过莫名地从了某个男人，而后，拖着沉重的身子，成了无人问津的弃妇。可那个下午，他遭遇了最为"闪光的灵魂"。三郎认识的女子中，没有人可以如此。即使身处危境，她竟然还可以写诗、画画、摹字。

这个时候，我似乎感到世界在变了，季节在变了，人在变了，当时我认为我的思想和感情也在变了……

写下这段回忆时，萧军已年过古稀。可那炽热的爱，在五十年后重新表达，依然如同少年郎，有横冲直撞的莽然。

那天的谈话，竟然还涉及生命的要义，以及对爱情的态度。萧红询问萧军对于爱的哲学的解释。不想，这个男人坦率地说道："爱便爱，不爱便丢开！"

"如果丢不开呢？"

"丢不开……便任它丢不开吧！"

而后，他们纵然大笑。

事实上，丢不开的大约只是萧红这样的女人。多数的男子，包括萧军，还是能丢得开；即使丢不开的，在岁月之中，也早因无暇触及而少了疼痛。

未来的岁月里，萧红就是不断地被这种"爱的哲学"所伤害。

萧红紧接着问萧军——为什么活着？

在几乎将死的年代里，萧红这句话并不突兀，即使萧军，也不过凭借少年的骨气，硬撑于不能自拔的恶世而已。可是，他们依旧坚强

第二章　倾城之恋

地活着，想必，每个人都在心里问过自己，究竟是为什么活着。

"那你为什么还要在这世界上留恋着？拿你现在说，自杀条件，这般充足……"

萧军反问她。

"我吗？因为这世界上，还有一点能使我死不瞑目的东西存在，仅仅是这一点，它还能系恋着我。"

那一点能使她死不瞑目的东西，是她对生的渴望。因此，她才会在随时可死的困厄中，发出求救的信号，并对这个初次来访的男子敞开心扉。

多年后，萧军依旧记得那日的萧红——她穿一件单长衫，原是蓝色，可已旧到几乎失了原有的颜色；光赤着腿脚，拖了一双变了形的女鞋；她的头发散在肩头，中间已经有了明显的白发，在灯光下发出逼眼的亮。

哪里有美丽聪慧的样子！然而，三郎看到了她在穷困和焦灼之中的内心，且如获至宝。他暗暗向自己宣了誓：我必须不惜一切牺牲和代价——拯救她！拯救这个美丽的灵魂！这是我的义务……

离开时，三郎留下了仅有的五毛钱，那是他回程的车费。

他走回了住处，十多里路，脚下却是未有的轻快。

四

第二天，傍晚时分，三郎又来了。那阴暗的陋室，以及他曾经鄙薄的女子，如今成了一束光亮。

除了那雨夜，几乎没有太多铺垫，两颗寂寞的心，甚至耐不住咫尺之隔。他们拥抱了，亲吻了。自然而然地，年轻的身体，营造了另一个水淋淋的夏夜。

那一刻，是萧红最为甜蜜的时光。不恋过往，不计将来。

窗外，是暂时的宁静。早在春天到来之时，日本人就侵占了这座城市，枪炮止息，恐怖却弥漫于每一个人的日常生活中。

日子总要继续，世俗男女于惶然的时势之中，依旧重复着日常的故事。

毫无疑问，那些暗夜里的纠缠，产生了叫人无视身外一切的力量，且快乐起来吧。

而萧红，想要的自然不是身体的触碰，她只是在寻找失去了很久的爱意。

这个激情之夜的另外意义，在于它改变了两人的命运——就生活本身而言，他们绝非各自寻到了贵人，更多的改变在于文学上的相互映照。

三个月之后，年轻的萧军在《跋涉》发表《烛心》一文。他未曾避讳这迅速的爱，以及那"横溢着汗浆"的夜晚。

第二章　倾城之恋

不错！我们是太迅速了，由相识至相爱仅是两个夜间的过程罢了。竟电击风驰般，将他们经年累月，让为才能倾吐的，尝到的……那样划着进度的分划——某时期怎样攻，某时期怎样守，某时期该吻，某时期该拥抱，某时期该……怎样——天啦！他们吃饱了肚子，是太会分配他们那仅有的爱情了，我们不过是两夜十二个钟点，什么全有了。在他们那认为是爱之历程上不可缺的隆典——我们全有了。轻快而又敏捷，加倍的做过了，并且他们说不能做、不敢做、所不想做的，也全被我们做了……做了……（萧军《烛心》）

那真是最好也是最坏的时代。

战火已在自家院落里熊熊燃起，可又有着一个个歌舞升平的角落。报章上的文章，在控诉着旧时代，又登载着返老还童术以及壮阳药的广告，而个体的恩怨情仇也不加掩饰地扮演着夺人眼目的角色。

至于爱，却又是敢做敢说。

如萧军所说，那一夜，他们不是纵情，而是在地狱的人间一个角落的拥抱。无论现世如何炎凉，他们都在寻找爱与被爱的可能。

这个夜晚，旖旎起来。

那雨，不再是死皮赖脸地无休无止，而是成了一种节奏，忽急忽缓。之前的寒苦以及未来的窘迫，暂且搁置。

相比而言，萧红对这段感情的描写要收敛得多，字句之间，是俏皮，是小女子的快意。

只有爱的踟蹰美丽

三郎，我并不是残忍

> 只是喜欢看立起来又坐下
> 坐下又立起
> 这其间
> 正有说不出的风月

这是《春曲》（四）中，萧红对这段突如其来的感情的感受。

只是，激情梦醒之后，往往是愈加浓重的虚无。夜里醒来，萧红说："三郎，我们错了！"

"我们不会做错的！"

萧军显然未理解萧红嘴里的"错"为何意，萧红只是为了说出自己的错——"不该爱了我所爱的人。"除了已逝的祖父，父亲、汪恩甲、陆振舜，这些男子给予萧红不同的伤痛，对于眼前的萧军，虽说爱来得过于迅猛，可她依旧觉得这将是一生最深的爱。只是，她惧怕，惧怕爱而不得。

是呵，三郎，可是她的良人？

第二章　倾城之恋

五

　　终归是这场雨帮了他们。

　　8月，松花江决口。被大雨浸泡了二十多天的江堤几乎成了一摊稀泥，江水失去了束缚，道里道外一片汪洋。

　　江堤已被淹没于水下，低矮的民房也睡在水底。哈尔滨成了水城。车辆马匹顿失踪影，大街上来往的是简陋的小舟，甚至是箱子和木板。

　　水已漫到了东兴顺旅馆的二楼。

　　雨止。江溃。城陷。太阳竟然出来了。

　　水波映在天花板上，有着明晃晃的光芒。世界也似乎在水波中摇晃起来，变得虚幻，遥不可及。

　　人们打包起旧日子，带上老婆孩子，各奔去处。那等着将萧红卖与窑子的旅店老板也和伙计们仓皇而去——还有什么比性命更重要？

　　旅店一下子空了，只剩下楼下一家小贩、一个杂役，以及一名病妇和她的男人。

　　这样的场景，很容易催生英雄救美的故事。传言中，萧军划一叶小舟，泊于东兴顺二楼的阳台外，然后，将肚如覆盆的萧红扶上船，翩然而去。

　　事实上，在空荡荡的东兴顺旅馆，她只能在人去楼空的回声里，站在窗口，将胳膊横于窗沿，向远处望着，又不知究竟望向何方。

倒是在水漫全城的一个夜晚,十九岁的舒群给萧红买了两个馒头一包烟,然后把这些东西捆在头上泅水来到东兴顺旅馆。当时天色已晚,舒群无法再回去,就在旅馆蹲了一夜,陪着萧红度过这可怖的长夜。

然而,这个热心的青年无力将萧红从彻底的暗夜中拯救出来,因为他的全家也从道外流落到南岗,父亲几乎沦为乞丐,面对萧红,他心有余而力不足。但是,他们的友谊持续了一生。

"没有家,没有朋友,我走向哪里去呢?只有一个新认识的人,他也是没有家啊!"

她终究还是将目光投向了来往的船,心里有暗暗的希望。

孩子掉沟里了,包袱落水里了……人群嘈杂,急迫着奔向生的彼岸。几乎没有人注意到这个大着肚子的妇人。从飞雪的冬到落雨的夏,她陷于往事。回忆,如同长短不一的木板,将喧嚣暂时阻隔,眼前的城市顿时又空了。

一艘摇摆着黄色旗子的搜救船驶入她的视野,猛地将她从过往拽起。那招摇的明黄,恰是活着的颜色。

她朝着这船呼喊了。

萧红从未想到,自己竟会以这样的方式走出那幢楼。

从二楼的窗口迈出,竟然就是阳光,就是自由。六七个月的幽囚之后,世界变得生疏起来,连阳光、空气与流水,都需要她花费时间慢慢适应。

洪水覆上了坚硬的大地,楼房成了堤岸,那一艘搜救船成了她暂时的陆地。小船漂荡摇晃,驶向她全然不知的方向。

人群中,并未有三郎的影子。下了船,她又将去往哪里?

裴馨园家的地址,攥在手里,那是三郎留给她的。偌大的城,除

第二章　倾城之恋

了他们，她再无投靠之地了。

三郎终于还是到了东兴顺旅馆，他搭船又泅水，跃上二楼的阳台。可萧红已经走了，她乘坐着那摇晃的船，在海平面般的城市中驶向远方。

下船后，萧红捧着硕大的肚子来到裴馨园家。在裴家坐定，她才发现自己还穿着冬天的棉鞋。即使落难，也觉尴尬，而女主人黄淑英的打量，加剧了她的紧张无措。

黄淑英告诉萧红，萧军已经出门接她去了，两人一定是走岔了路。

后来，萧军在裴家见到了萧红。找寻的艰难，可以想见。无须再多道一声——你还好吧。此时，只有与爱人的相聚以及重获自由的愉悦。

其他，暂由它遁入空茫。

第三章 从一个旅馆到另一个旅馆

第三章 从一个旅馆到另一个旅馆

一

萧红暂时安顿于裴馨园家的客厅，寄人篱下。

裴馨园一再嘱咐家人说："不要去打搅她，让她安心休息。"

囚禁于东兴顺的日子，穷困潦倒，但三郎来时，仍可大声谈笑，老板与伙计的责难，也可不去理会。裴家不同，老老小小的目光都是火辣辣的，占满了狭小的客厅，在灼热的注视之下，二萧越发落魄、尴尬。

因而，萧军一走，萧红就会把自己关在房间里，捧一本书一整天都不会站起来走动，更谈不上与裴家人说话或打招呼。

慢慢地，家里人就开始在黄淑英的耳朵边上嘀嘀咕咕地说着萧红的不好，比如孤傲，比如不通人情世故。连黄淑英都成为家人埋怨的对象，说她"真是没事儿找事儿，让这样一个人住在家里，吃在家里"……

后来，萧军搬来同住，矛盾更为激化。

其实，萧红的性格只是原因之一，令裴家人不快的还有两个热恋的年轻人在掩饰下又有所表露的欲望。作为裴家的女主人，黄淑英的排斥就极易理解了。

后来，大白天，他们努力隐于裴家人的视野之外，为了减少对他人的叨扰，也为了自己内心不肯舍弃的自尊。

就像两条刚被主人收留的野狗一样，只是吃饭和睡觉才回到主人家里，其余尽是在街头跑着蹲着。

这是萧红在《弃儿》中的自嘲。他们在哈尔滨的大街上游荡着，去公园听"风声和树叶的叹息"。道里公园，那波澜微起的湖水和拱起的石桥，被两个相依为命的人无数次注视、踏行。

如果不是肚子里那个日渐长大的婴孩，萧红与三郎也可继续如此度日——晨起夜归，任凭裴家人如何不满，总无须直面。

因二萧没有搬走的意思，无法逐客，又需照拂到友谊，裴馨园只好将一家老小搬到另一处房舍，这处宅子，就剩了二萧，还有裴馨园的岳母。

"小盆变成一个大盆。"萧红的肚子里，是那个幼小生命的腾挪。而且，产期近了。

这是8月底的一天，那个孩子为出世做着最后的准备，而萧红，在土炕上滚成了泥人。"这种痛法简直是绞着肠子，她的肠子像是被抽断一样。她流着汗，也流着泪。"

炕上的铺盖，已被拿走，萧红只能躺在土炕上，汗水与泪水和着稀泥。送医院是需要钱的，萧军最能借到钱的大约只有裴馨园，然而，当萧军赶到裴馨园的办公室，他却说："慢慢想办法，过几天，不忙。"

然而，在土炕上的萧红已不成人样，阵痛之间，她爬下炕想喝杯水，杯子刚拿到手上疼痛袭来，杯子掉在地上摔碎了。裴馨园的岳母应声来到房内，只是心疼那杯子："也太不成样子了，我们这里倒不是开的旅馆，随便谁都住在这里。"

晚上，萧军带回一驾马车，将萧红送到哈尔滨市立医院。陪伴

第三章　从一个旅馆到另一个旅馆

在她身边的，是三郎。肚里孩子的父亲，自春天一别，就自此永诀了。

在三等产妇室里，萧红生下了一个女婴。六天之后，这个没有父亲的孩子被抱走，孱弱的萧红，甚至无力看清她的模样。做母亲的，只能在被子里，任凭眼泪横流。

又是中秋，萧红却是在医院里度过。

这个本该温暖的节日，给予她的，却是接二连三的哀伤。

前年中秋，她与表哥陆振舜屈从了家人的供养；去年中秋，她被囚禁于父亲的福昌号屯；而今年中秋，她失去了自己的女儿，留下永世不能愈合的痛。

之前，她可以逃，如今，这痛坐进了骨头，穷尽一生，也无法与它挥手作别。

幸好，此刻有三郎。

三郎每天都来探视，这个有些大男子气的男人，并未因她生了他人的孩子而心存芥蒂。为了躲避医院的庶务向他讨钱，很多时候，他就从窗口跳进跳出。

他带来吃食，还为她写诗。"一样秋花经风雨，朝来犹傍并头枝。"三郎写下《寄病中的悄悄》三首。凉月西风，患难相扶，看来他意已决。这情意，让身处冰冷现世的萧红，稍有暖意。

萧红稍稍强健了起来，这有赖于三郎的强硬。两个几近流浪的人没有足够的钱缴纳医药费，正是三郎的蛮横，让萧红能得到最起码的治疗。有一天，萧红的疼痛再次发作，医生以费用未缴为由，拒绝为萧红治疗，任凭她如"一条着了伤的蛇似的在床上扭转"……

萧军奔到医生面前，攥住了对方的衣襟，内心积攒的怒气，几乎要爆裂了他自己，也要爆碎了一切。

萧军的杀气，换来了医生对萧红的医治。原本，没有缴纳医药费，不能办理出院手续，然而，医院着实惧怕萧军的愤怒，赶紧脱手是好。

于是，在医院住了三个礼拜后，萧红被赶了出来。

"没有小孩也没有汽车，只有眼前的一条大街要她走。"眼前的城市，如同未曾被开垦的荒田。大水退去的哈尔滨，墙面上留着泥痕与木屑，草木还没有全然打起精神。即使那个失了骨肉的肚子，也还未曾全然踏实起来。

然而，逝者永逝，街面又熙熙攘攘起来。

她才二十二岁，她有三郎，继续向人林里迈进吧。

二

如果不是和裴家的一场"大战"，他们或许还没有勇气去寻找一个属于自己的空间。

欧罗巴旅馆位于新城大街（今道里尚志大街）上，看它的名字就知道，老板是俄罗斯人。

新千年的城市改造，几乎抹去了二萧在哈尔滨生活的旧迹。如今

第三章　从一个旅馆到另一个旅馆

的哈尔滨道里尚志大街，全然是新时代的灯红酒绿，即使西十道街与西九道街之间靠尚志大街的一端还剩余一些老建筑，它们所演绎的也不是二萧的故事。

也许，那些饥寒交迫的往事，只能成为历史，躲进泛黄的讲述中。随着人群老去，记忆老去，那些历史也行将老去。

出院的那天，二萧还是回到了裴家。

两个多出来的大人，让裴家那狭小的居室愈加喧闹起来。他们，如同裴家人眼里的刺，将眼眶磨得生疼。爆发，只是迟早的事。

裴馨园的妻子黄淑英听闻了关于萧红的闲话，继而转述给萧军。大约正是因为容不下，才会那么迫不及待。一个无家且又大着肚子的女人，于别人的眼中，总是有些故事的。经过女人们的口舌和眉眼的发酵，越发不堪起来。

他们，全然不顾她还是虚弱的病人。

然而，萧军是知道萧红的，东兴顺旅馆的偶然相逢，他已然知晓了她的身家与过往。那时，以及此刻，他唯一在意的只是她"美丽的灵魂"。

萧军与黄淑英之间，免不了一场大吵。这场争吵的细节，已不得而知，然而，一个并不多话的男子与女人家闹了起来，总是因为恼到了极点吧。

多年后，黄淑英提起这段往事，也承认自己在萧军面前说了萧红的闲话，但具体说了什么，不知道她是忘记还是不愿再提起，并无再多清楚的说明。

第二天，萧军与萧红离开了裴家，裴馨园让孩子们转交给他们一封信和五元钱。萧军的那份工作,随着与裴馨园的决裂,也没有了。

之后,黄淑英再也没有见过萧红,但,"有时在副刊上倒是经常看到她发表的文章"。

萧红和萧军,住进了欧罗巴旅馆三楼顶棚下的一个小房间。萧红立于看起来洁白的房间中,还未感叹完它的洁净,茶房就收走了枕头、桌布、床单。小屋的洁白,立刻被夹在高大的俄罗斯女茶房的腋下,一起带走了。剩下的,是破旧的桌子与肿胀的草褥,还有四周灰蒙蒙的颜色。那些"洁白",都需要钱,而他们手里,大约只有老裴给的五元钱,还得扣除在被逐出的路上花出的五角马车费。

第一夜,萧军就差点被带到局子里去。

一场大水,让哈尔滨的旅店业水涨船高起来,不少失去家园的人住进了旅店,欧罗巴的房间也由三十元一月涨到六十元一月。窘迫的二萧,只能给出第一夜的两元。如果第二天拿不出六十元,老板照旧要将他们逐出。

萧军哪里受得了这接二连三如同丧家犬的日子,他从床下抽出了一柄剑。

老板落荒而逃,然后,就报了警。

还好,一夜的盘问之后,警察并未将他带走,人到无路时,反倒多了不卑不亢的昂然。往往,命运由此柳暗花明了。

来哈尔滨后,萧军已经将妻子打发回家乡,随后去了一封信,言明自己不知去往何方,也不知何日归来,让她另行改嫁。

这样的一封信,颇像旧日的一纸休书,男子总有千千万万的理由随意处置他的妻子。只可怜那个女子,随他漂泊了几年,就被轻易断

第三章　从一个旅馆到另一个旅馆

了长相厮守的梦。

转身，偶遇萧红，萧军那一身的大男子主义，未必褪去了多少。后来，萧军写下了自传《人与人间》，除了相逢那日的惊喜，走笔之间，已是避难青岛。

而萧红，念念不忘与三郎的时时刻刻。那搜肠刮肚的饥饿，相偎相依的暖意，为一份工钱微薄的职业的奔波，在当铺的游走，都成了她书写的主题。甚至，她放下自尊，写信向三年前学校里的图画先生讨来五元钱，只为能和三郎"吃些日子"。

三

萧军的奔波，总没白费，几天后，他寻得一份家庭教师的工作。

1932年初，萧军被中东铁路哈尔滨铁路局的一个汪姓科长聘为家庭教师，教授他儿子国文和武术。每月有二十元的报酬，同时可暂住汪家一间不见阳光的半地下室。

一辆马车，载了两个人、一个柳条箱。他们几乎是迫不及待地从欧罗巴旅馆搬到了道里区商市街的这间小屋。两个无家的人，总算有了安身的片瓦。搬家竟然如此简单，简单到让人觉得森凉。

小屋在长长的院子的尽头。借来的那张铁床，根本无法抬进狭小的门。萧军用斧头将床敲了进去，那男子的强硬，在生活的细处，自有其强大的力量。

鸡鸣。狗叫。众生喧哗。

虽依然是居人篱下，这间阴暗的小屋却让他们暂时安身。

10月了，日子的调子，只是饿与冷。二十二岁，正是芳华，可这缠身的困穷，让萧红日渐苍老。

汪科长的女儿，恰是萧红的校友，她十八岁，"长身材，细腰。"完全是少女风度。那日，她自门口闪过，如同闪光的刺痛。

早晨起来，就跑到南岗去，吃过饭，又要给他的小徒弟上国文课。一切忙完了，又跑出去借钱。晚饭后，又是教武术，又是去教中学课本。

我在家里烧饭，在家里等他。火炉台，我开始围着它转走起来。每天吃饭，睡觉，愁米，愁柴……

即使多么相爱的男女，也会在日日奔忙中，心生罅隙。

这一夜，他们吵到了半夜，只为萧红为了二十块的报酬去做广告员。"有职业，爱人都不要了。"这是萧军在地板上翻滚而出的醉话，又何尝不是他被伤了的属于男人的自尊。

而本性中的暗处，亦在这贫贱的相守中迸发了出来。萧军的"学说"一到家里就生了出来，按照萧红的形容，那是"照样生出来"——不过是骂娘，对生存现世的恶毒诅咒。

前面的路，是昏茫茫的。什么夜，什么街市，在二萧的面前，只是阴沟。然而，即使滚在泥中，萧红依旧要"携着手吧！相牵着走吧"！

第三章　从一个旅馆到另一个旅馆

四

1932年在严寒中走向终了。活着，无论如何艰难，总要辞旧迎新。

《国际协报》要出一份新年征文特刊，在萧军和朋友的鼓励下，萧红写下了《王阿嫂之死》，那个怀着身孕的王阿嫂来自父亲盘踞的故里，也来自她内心的怕与伤。这则短篇小说被刊载了，萧红由此开始了她的文学之路。

冰雪未消，日本人的军队几乎踏遍了东北，而后继续进行军事征伐并建立伪政权组织，文化控制尚未提上议事日程。哈尔滨的几家私营报纸和印刷社，仍在高压的缝隙之间，蓬勃成长——这是年轻人不能错过的舞台。

除了《国际协报》的文艺副刊，伪满洲国的官方刊物《大同报》上也有名为《夜哨》的副刊版面。

1933年4月，萧红已从东兴顺旅馆的困厄记忆中走出，她有了足够的勇气将这前前后后和盘托出——近万字的纪实散文《弃儿》在《大同报》的副刊分期连载，文章署名"悄吟"，这是萧红在写作初期的主要笔名。

在开始写作的同时，萧红与哈尔滨的进步青年有了更多的接触。受到左翼文艺思潮的影响，萧红与萧军成为"星星剧团"的成员，还参加了金剑啸发起的救济灾民的"维纳斯画展"。

那次画展，有萧红的两幅粉笔画。一幅画的是两只萝卜，一幅画的是萧军的一双破鞋和一只硬面火烧。当时，二萧还住在欧罗巴旅馆，这些也是萧红能够找到的可以作画的仅有的静物，那双鞋是萧军练习武术时穿的，火烧则是饱腹的事物。这样的两幅画，成了当时二萧的生活见证。

这些，将萧红苦闷的生活打开，她有了自己交往的圈子。

1933年新年前后，二萧还成了牵牛房的常客。

牵牛房是道里区水道街（今尚志大街）公园附近一幢俄式平房，哈尔滨名士冯咏秋与黄之明、袁时洁夫妇同住在这所宅院里。

屋外是一个花园，房主在花园栽花种草，其中以牵牛花居多，它们缠绕于院墙的篱笆之上，每逢盛夏，满园怒放，因来往宾客都是文化名流，这所平房，便被称为牵牛房。

牵牛房有三位主人——冯咏秋被视为"左倾名士"；袁时洁的哥哥是共产党员；黄之明虽时任香坊警察署署长，但积极支持左翼文艺活动。

这样一来，牵牛房就成了左翼文人聚会的地方。经常前去的，除了二萧，还有罗烽白朗夫妇、金剑啸、舒群等人。为了安全起见，前往牵牛房的人，不能结伴前往，只能一个一个地来。

在这所大房子里，大家谈高尔基、普希金、果戈里，气氛十分活跃。据说，萧军总是辩不赢萧红，他便自我解潮地说："我是让着她……"有时，他俩在深夜回家的路上还边走边辩论。

1933年的新年，牵牛房的主人约请二萧等人前去过节狂欢，欢腾之余，女佣拿着主人给的三角钱去买松子，萧红看在眼里，很为那三角钱可惜，因为几天来，二萧连饭几乎都难以吃上。

第三章　从一个旅馆到另一个旅馆

不知是萧红的索然被主人看到眼里，还是他们早有准备，聚会结束前，袁时洁递给萧红一个信封，并告诉她回家后再拆开。

食不果腹的二萧原本对这样的一封信并无兴致，他们思虑的，只是如何应对新一年的饥寒交迫。在拆开信封的那一刻，二萧获得了一个最为迫切的惊喜——细心的朋友为了让他们过上一个稍微轻松的新年，在信封里放了一张十元的钞票。

这样的惊喜，更如一个美好的预兆。很快，二萧凭借自己的笔头在这座城市得以自立。稿费虽是微薄，但维持生计已不是问题。

只是，萧红在1936年11月由东京寄给萧军的信中，写了这样一句话：

两三年的工夫，就都兵荒马乱起来了，牵牛房的那些朋友们，都东流西散了。

1933年的夏天，大水一年之后，二萧有了全新的状态。

友人曾见到二人大街上同行的情形——

那一日，萧军脖子上系了个黑蝴蝶结，手里拿着三角琴，边走边弹；萧红上穿花短褂，下着一条女中学生通常穿的黑裙子，脚上蹬了一双萧军的尖头皮鞋。他们边走边唱，像一对流浪的艺人。

在穷困之外，是身体和精神的健康。风格粗犷的大街上，二萧风姿飘洒，旁若无人。

或许，那是萧红为数不多的快乐时刻之一：旧日的阴影已经彻底淡化，有了爱情，又有了足以轻松应付的文字工作，贫穷但不贫乏。

然而，萧红很快就意识到，萧军一直在践行着他近乎赤裸的爱的哲学。

雇主家的三小姐,暗暗向萧军示好了。这位汪三小姐,上学时比萧红矮一级,年纪却比她大一岁。她与萧红也算交好,三人常在夏日里去松花江泛舟。

那些日子,萧红几乎夜夜早睡,萧军与那位小姐便留在暗夜的院子里。萧红醒来,都不知道萧军什么时候进的屋。对女子的示爱,萧军大约也有掩饰不住的兴奋。

"她对我要好,真是……少女们。"萧军的语气里,有些炫耀。

那投怀送抱的少女是谁呢?萧红其实是知道的,然而,当萧军随后接一句了"你还不知道时"她只好自答:"我还不知道。"

她只是疑惑:"很穷的家庭教师,那样好看的有钱的女人竟向他示好了。"其中,有萧红深切的自卑。

不过,萧军仍是拒绝了那位三小姐,因为他"一方面有吟,一方面我们彼此相差得太远……"这一句,倒是让她体会到了他的有心,她慢慢沉静下来。

然而,萧军这样的理智,不会一直都有。

很快,萧红成了《夜哨》的主要撰稿人之一。她与萧军二人的作品,在不长的时间内,已达到可以结集的数量。

1933年9月,《国际协报》上刊登了一则广告——

三郎、悄吟之《跋涉》,计短篇小说十余篇,凡百余页。每页上,每字里,我们是可以看到人们"生的斗争"和"血的飞溅"给以我们怎样一条出路的线索。现在印刷中,约9月底全书完成。

第三章　从一个旅馆到另一个旅馆

一年前，一场溃堤成就了萧军和萧红，这是怎样恓惶的一年！但是二萧仍然迎来了人生的第一份丰收。《跋涉》中，有萧军的《桃色的线》《烛心》《孤雏》《这是常有的事》《疯人》《下等人》，有萧红的《王阿嫂之死》《广告副手》《小黑狗》《看风筝》《夜风》。

世道艰难，二萧亦开始了他们在文学上的"跋涉"。

这百页的书，萧红称之为"册子"。那些洋烛火光下的夜晚，蚊虫满屋，她不停地抄写，抄写。

中秋节的前一天，家家准备过节，萧红与萧军有着另外的兴奋。他们到印刷局去，自己装订那一百本册子，整整一天，手疼，背疼。

太阳落山了，萧军叫来一辆马车，拉上这沉甸甸的一百本册子，走在夕阳中，马脖子上的铃铛颤动着清脆的声响。

这个中秋节，萧红终于有了一份切实的喜悦。父亲的责骂、故乡的囚禁、痛苦的情殇以及落难的寒凉，在心被结实捧出之时，遁向远方。

因为这本书，萧军结识了一位上海姑娘陈涓，而这一次，他显然少了理智，亦是忘了有吟的存在。

那一天，在那间仅能容身的半地下室里，萧红迎来一位陌生的女客。

两天前，萧军曾告知萧红，自己新认识了一个从上海来的中学生，而且这位姑娘会到家里来拜访。不消说，眼前的这位，就是萧军说起来颇为兴高采烈的姑娘，来自上海，叫陈涓，她只有十六岁。

陈涓的哥哥叫陈时英，在哈尔滨邮政管理局当职员。陈涓到哈尔滨时，哥哥正好出差，还好堂哥也在哈尔滨，就由他代为照顾。

一天，陈涓与堂哥的友人逛同发隆百货商店时，无意中发现正在代售的《跋涉》,"三郎"的署名引发她的好奇,她原以为这是一个日本作者,不料三郎却是同行友人交游甚笃的朋友。同行友人直言,书不必买,可以让三郎相送,于是,在朋友的介绍下,陈涓与三郎得以相识。

想必,初次相识,萧军便对这位健康活泼的姑娘别有情意,否则,也不会在萧红面前有了刻意而欣喜的诉说。

对这位漂亮的女客,萧红多少有些警惕,即使是同龄的女子,都会让萧红陷于自惭形秽的哀叹,何况是十六岁的青春女孩。漂亮是其次,她不施脂粉,头发也未烫过,只是简单地用红绸带扎了起来,是干净的美丽。实在无可挑剔,作为主妇的萧红只好将非议转向陈涓那缀着黄花的葡萄灰的袍子上面:"这件袍子我看不很美,但也无损于美。"一切,都是冷淡的。

萧军久未返回,为了等他,在昏暗的灯下,萧红留她吃晚饭。萧红后来在文章中写道:"到晚上,这美人似的人就在我们家里吃晚饭。"

恰好,汪三小姐经过窗前,看到陈涓,她跑进来大声说:"你怎么到这里来?""我怎么就不许到这里来?"陈涓很调皮地回话,原来,她们早已熟识。

陈涓与汪三小姐是在舞场里认识的。她描述的生活,让萧红感到了隔膜,她自觉"环境和我不同的人来和我做朋友,我感不到兴味"。这样的感受,不知是否出自内心天然的防御。然而,这对萧红而言毫无"兴味"的女人,却是萧军的钟情所在,且一而再,再而三。

那个夜晚,萧军兴致很高,竟要唱京戏,汪三小姐也闻声赶来,以胡琴和口琴为萧军伴奏。小屋里热闹起来。

萧军唱:"杨延辉坐宫院……"那是《四郎探母》的唱段。

第三章　从一个旅馆到另一个旅馆

"哈呀呀，怎么唱这个？这是'奴心未死'！"汪三小姐嘲笑他。

在这之前，萧军与人在报纸上因为旧剧才开笔战。萧军自己明明写着"唱旧戏是奴心未死"，这厢，他自己又唱起了旧戏——在萧红看来，大概，取悦佳人也是"奴心未死"吧。

这个晚上的喧闹之后，陈涓与二萧的交往密切起来，而对比萧红，陈涓与萧军更为亲近，见面之外，还有书信往来。敏感的萧红发现，陈涓似乎总避着自己与萧军谈些什么。

渐渐地，陈涓也从萧红的眼神里觉察了什么："她憎嫌我，她对我感到不耐烦……"

想来，陈涓不过是十六岁的少女，所谓对萧军的爱，大约也是一时的仰慕，哪有那么多心机。

萧红病逝不久，陈涓曾撰文写下当年萧红对自己的敌意，为这段往事叫屈。汪三小姐也看出了萧红对陈涓的嫌恶，她警告陈涓不要再和萧军亲近了，会招致嫉妒。

倒是萧军，在这场号称误会的情感纠结中，一直是主动出击的角色。

1934年元旦过后，陈涓向二萧告别。那个清冷的上午，商市街的那间屋子里，只有萧军一人，萧红大约去了菜场，忙于操持她的主妇生活。

听见萧红回家打门的响声，萧军慌忙把一封信塞给陈涓。萧红未曾亲见那些信，却在开门的那刻，听到一阵喳喳之声。萧军的信中，除了一张信纸，还附有一朵枯萎的玫瑰花，虽说信中"绝无有一字涉及这朵奇异的玫瑰花"，但那弦外之音，任凭谁，都可明白一二。

这些未把爱意说明，却洋溢着爱的表达的信件，加剧了陈涓对萧红的愧疚感。当天下午,她又带着自己的恋人一同到商市街,希望萧红见后能消除疑忌,同时也想杜绝萧军那不太理性的感情。

然而,陈娟的苦心却未有预想中的成效。

当晚,二萧置酒为陈涓饯行。只是,各人心怀心事,实在无法把酒言欢。

回家之后,陈涓心情郁闷,在另一帮为之饯行的友人间自饮。萧军仍不死心,又找了来。陈涓借口上街买酒,与萧军到了街上,返回家门口时,萧军突然在陈涓脸上亲吻了一下,迅速溜走。

第二天,陈涓"就离去了这可怀念的松花江"。

然而,这个故事,不因陈涓的离去而终结,它始终在酝酿,酝酿成了上海的一场风波。

时代施予的命运,让个体无从推却,不堪一击。

白色恐怖的气息一天天浓重,反满抗日与中共地下组织被接二连三地破坏,军事征伐之余,精神禁锢加重。《夜哨》停刊,星星剧团的团员被捕,画会解散……艰难诞生的《跋涉》,也未曾摆脱厄运——送到书店的书,没几天就被禁止发售,铆足了劲抗争与呼喊,却并未发出强劲的声音。

册子被没收了,据说日本宪兵队要抓人了。那满载惊喜的册子,突然就成了累赘。

萧红几乎每日都生活在恐惧之中,连身边的人都受到牵连。

汪姓房东收到一封匿名信,上书家庭教师将会绑架他的小儿子,也就是说萧军将会绑票自己的小徒弟。好在房东还算理性,只是把萧军叫过去仔细沟通了一下,得知是谣言也就没有太在意。只是,萧军那小徒弟一连三四天不敢接近院门,甚至连二萧住处的窗户都不敢近

第三章 从一个旅馆到另一个旅馆

前,这样的情形持续了半个月。

呼兰的张家,也因《跋涉》受到影响。

二萧离开哈尔滨后,便不时有便衣密探来张家骚扰。萧红父亲张廷举后来说,张氏家族之所以要在1935年8月决意修撰《东昌张氏宗谱书》,亦是与不堪萧红走后带来的恐怖之扰有关。

在修改后的宗谱中,张家人把萧红的名字排除在家族之外,以示她和张家没有任何干系。虽说这是迫于形势,但也意味着张家已经彻底放弃了这个女儿。

一天,朋友北杨不约而至,他以大口罩包裹住被打得变形的脸。他被日本宪兵队抓进去又周旋脱逃,这次,他是来告别的。要命的是,日本宪兵队在北杨的身上搜到一张纸片,上面有萧军的名字和地址。

在此之前,二萧还在走与不走之间游移。路费,暂居的小家,相对熟悉的圈子,茫然未知的前路,都在左右着他们的决定。如今,不能犹豫了。走,才迫在眉睫。

北杨告别之后的夜晚,日本兵常在门口游荡,虽是便装,也未配刀,但那高筒皮靴敲击着地面,耳朵在清冷的空气中捕捉着某种玄机。夜,愈加恐怖漫长。

走吧,流浪去吧。反正哈尔滨也不是家。

卖掉了水壶、面板、水桶、瓷锅、饭碗、酱油瓶子……一共五角钱。

"走吧。"萧军推开了那扇门,如同去年初来那一天,他推开门说:"进去吧。"

本以为得了可以永居的小窝,无奈,终究仅过了漫长一夜。醒来,又要奔波。这次,不是为了自由,而是为了活命。

不得不走。

别了,商市街。二萧顺中央大街南去,手里仅挽着一个包袱。

第四章 『大连丸』上

第四章 "大连丸"上

一

这是一艘日本轮船,名叫"大连丸"。萧红、萧军与货物一起,堆在舱底。船终于起锚。无边无际的海,如同苍茫的前路。

未料,不到半年,她又与萧军踏上逃亡之路,奔向上海的那条船,仍是"大连丸"。青岛,如同他们疲于奔命的一个驿站,未曾歇足了力气。

"啊!祖国!"想想刚到青岛时的呼喊,真当只是一场白日的梦。

1934年6月11日早晨,萧红与萧军离开生活了两年多的商市街25号小屋,先是躲进了天马广告社,当晚,与金剑啸、罗烽等人辞别。第二天,他们乘火车离开哈尔滨,而后抵达大连,在友人家住了两天后,二人乘坐"大连丸",驶往青岛。

对于萧红而言,一去即是永别。从此,那片她吟咏又憎恨的黑土地,于她,再无踏足的机会。

关山路远,她的跋涉才开始。

抵达青岛时,正是端午节的前一日。

当时的青岛,为北洋军阀的地盘,海军司令沈洪烈兼任市长。沈洪烈好新政,提倡宪制,将全市划分为几个区,分设区公所进行管理。德国和日本也在此盘踞。各方割据,让青岛保持着暂时的宁静,许多

我贪恋这泥淖里的温暖：萧红传

从东北逃往关内的人，都取道青岛，因而，进港甚严。在"大连丸"驶离岸边的那一刻，萧红与萧军还遭受着盘问。那一夜，萧红都是脸色白白，心里有冻结的恐惧。

到青岛的第二天，是萧红的二十三岁生日。

那大约是她最为放松的一个生日。二萧与舒群夫妇在四方公园游玩合影。6月的夏，是舒适的，海风正好吹过。萧红恍惚之间，以为从此岁月静好。

观象一路1号，是一座石块垒成的二层小楼，二萧租住了一楼的一间屋子，舒群夫妇是他们的邻居。

小楼位于观象山北脚的山梁上，左右都可观海。小楼的顶端，嵌镶着一个太极图。崂山的道家，无处不在地影响了这座城市，那"太极"即有逢凶化吉之意，名为"压胜"。虽是迷信，但对于二萧而言，又是多么美好的寓意。

事实上，萧红和萧军也的确在这暂时的平静中，写出了惊世之作。在这里，他们分别完成了《生死场》和《八月的乡村》。

在青岛安顿下后，萧军担任了《青岛晨报》的副刊编辑，萧红则是操持家务的主妇。除了舒群夫妇，二萧还结识了作家张梅林，梅林也是在当年夏天受朋友之邀从烟台来到青岛编辑《青岛晨报》。他在报社认识了萧军的同时认识了萧红，与二萧极为投机，三人间以"三郎、悄吟、阿张"相称呼。

萧红最拿手的饭食是葱油饼和美味的俄式大汤，在这一方宁静的海滨，她同患难与共的男子，以及正值青春的友人，享受着生活中不多的乐趣。

二萧与梅林，三个年轻人平常都是一起到市场买菜，回来后由萧

第四章 "大连丸"上

红掌厨。经过商市街的磨砺，萧红俨然已是合格的家庭主妇。

在青岛期间，梅林记忆最深刻的美味，莫过于出自萧红之手的平底小锅烙油饼，那一味平凡的吃食，因可交心的畅谈，变得不再平凡。

这个夏天，萧军常常"戴了一顶边沿很窄的毡帽，前边下垂，后边翘起，短裤、草鞋、一件黄色的俄式衬衫，加束了一条皮腰带，样子颇像洋车夫。而悄吟用一块天蓝色的绸子撕下粗糙的带子束在头发上，布旗袍，西式裤子，后跟磨去一半的破皮鞋，粗野得可以"。

二十三岁，也是青春正好的年纪，无需伪饰。而后，无论是有意或是无意，这青春的"粗野"都将慢慢远去。

当萧军在工作之余开始续写《八月的乡村》时，萧红提出，自己也要写一篇较长的小说。

我鼓励了，于是她就开始写了。她写一些，我就看一些，随时提出我的意见和她研究、商量……而后再由她改写。……在这一意义上说，我应该是她的第一个读者，第一个商量者，第一个批评者和提意见者。

这些话，萧军写于《人与人间》。

而小说的名字，萧军自称是他为萧红确定下来的。因为，萧红写了乡村里的人和动物，他们一起忙着生，忙着死，履行着十年前的轮回。

7月，萧军曾去了一趟上海，归来已是1934年的9月9日。这时候，萧红竟然已把《生死场》写成了。

对于首部大部头著作，萧红有掩饰不住的兴奋，她把书稿用薄棉纸复写了两份。梅林来访，萧红对他朗诵了其中的部分章节。梅林把书稿借来通读后，感受到萧红笔触的清丽和大胆，其间的牧歌情调是萦绕不去的味道。

"怎么样，阿张？"初次写出大部头的萧红，自然很想听听别人的看法，在梅林交还原稿时，便急切问他。

梅林在肯定了这部作品之余，也指出书稿"全部结构缺少有机联系"。毕竟，那黑土上的人、田野、骡马牛羊，只是各自奔走，残酷的命运之外，还有风吹草地的悠然，离一部真正意义上的小说，似乎还有很长的距离。

萧红十分认同这样的评价，但一时也难以找到合适的解决办法。

此时，《八月的乡村》还在写作中，萧军那一向自傲的脾气，在萧红与梅林讨论时亦是不吐不快。他从书架上抽出装订好的原稿册子，轻拍几下之后，很是自豪地翻动页面："瞧我的呢。"

一如既往，萧军虽对《生死场》存有肯定，但仍认定女性的局限，并有自以为是的优越感。

《八月的乡村》的构架来源于舒群的同学、抗联烈士傅天飞讲述的故事——关于杨靖宇将军领导的磐石游击队壮大发展的过程，刻画了不同经历、不同觉悟水平的抗日战士形象。

傅天飞在二萧离开商市街之前，来过他们居住的小屋。萧红在《生人》中记叙了当时的情景。那正是傍晚时分，萧红正在厨房里煎着饼，一个男子来访，萧红注意到，他有着"很红的脸"。而饭桌上的谈话，都是沉痛的。后来，萧红得知，这个红脸男子是从磐石人民革命军里来的⋯⋯

在哈尔滨期间，萧军曾一直想去磐石打游击，最终未果。他始终

第四章 "大连丸"上

以自己的追求为最高，正因如此，他也高看自己以此为素材的文学作品。他以为的抗争，是真刀真枪，所以他以为的抗争文字亦是对真刀真枪的描摹——战争，就是一场切切实实的战斗。

"瞧我的呢。"他的自负一直都在那里，从未消除半分。而在与萧红的生活中，他更是以拯救者自居，这自负终究日渐膨大起来。

二

《生死场》的根，依然扎在萧红的黑土地。没有主角，甚至没有跌宕的故事，它只是一连串的镜头，连缀起故乡的麦田、乡民的生死。

开篇，是跛脚的二里半在找他的山羊，他与自己的麻脸婆娘几乎翻遍了乡村的皱褶和角落；而结尾，二里半失了家园和妻儿，而后将衰老的山羊托付于赵三，去城里抗日了。

山冈和树林，渐行渐远。故乡，只剩下那山羊的嘶鸣。

然而，《八月的乡村》连同《生死场》的出路成了问题，除了东北，二萧与文坛并没有过多交往，也并非知名作家。况且，东北已被日本人盘踞，又怎能出版抗日的文学作品？

不过，与文坛的疏离，又让他们的人生和创作开启了另外一页。

在青岛，萧红和萧军也有几位朋友，就在二萧迷茫于自己的作品与当时革命文学运动的主流是否合拍时，萧军与孙乐文有了一次谈话。孙乐文是当时青岛"荒岛书店"的负责人，当然，他还有另外的身份——中共党员。

孙乐文曾在日本人内山完造在上海开设的"内山书店"见过鲁迅先生。鲁迅是当时上海革命文学运动的主帅。这让二萧起了给鲁迅先生写信的念头。据孙乐文所说，信寄到内山书店，鲁迅先生是可以收到的，他鼓励萧军试试看，他还建议萧军将通讯地址也落到荒岛书店，不具真名，以避免不必要的麻烦。

给鲁迅先生的第一封信寄出了，这是1934年的10月初。

从那一刻起，萧军才成为萧军。在此之前，他曾是刘军，曾是三郎。这"萧军"亦未曾抛却他那戎马情结：古辽国萧姓最多，出了不少立马扬尘的汉子，而他，又曾是军人，追慕着战场上拔刀的快意。

10月9日，信辗转到了鲁迅的案头，萧军的名字第一次出现在鲁迅的日记中："得萧军信，即复。"

可以想象，两个年轻人接到鲁迅先生的回信，是如何的欢欣。

我把这封信和朋友们一起读了又读；和萧红一起读了又读；当我一个人留下来的时候，只要抽出时间，不论日间或深夜，不论在海滨或山头……我也总是把它读了又读。

对二萧而言，鲁迅是一个高大的父亲的形象，也自是不肯轻易屈身的。然而，他们接到了他的回信，且是"即复"。

第四章 "大连丸"上

他说——

不必问现在要什么,只要问自己能做什么。现在需要的是斗争的文学,如果作者是一个斗争者,那么无论他写什么,写出来的东西一定是斗争的,就是写咖啡馆、跳舞场,少爷们和革命者的作品,也决不会一样的。

至于他们的稿子,鲁迅先生说:"我可以看一看的,但恐怕没工夫和本领来批评。"然后,是非常详细的通信地址,并叮嘱:"最好是挂号,以免遗失。"

不久,二萧就把《生死场》的手抄稿以及之前自费出版的《跋涉》一起寄往内山书店。同时寄往上海的,还有萧红与萧军的合影。那是他们逃离哈尔滨之前的一张合影,二萧的着装风格与款式都是"东方莫斯科"青年当时最时尚的装束——萧红是斜纹旗袍,萧军着高加索式的立领亚麻衬衫,腰间还系一条缀有穗头的绿色腰带。而更重要的是,他们脸上那青春的气息,即使八十年后的今天,再去回望那时的二萧,不能回避的依然是那逼人的青春。

1934年10月28日,鲁迅在日记中写有"午后得萧军信并稿"的字样。

想必,那样的两个可爱聪敏的年轻人,也让先生洋溢着欢喜。

三

又到中秋节了,月亮圆得醉人。但清冷的月下,总叫人心里有捉摸不定的慌乱。

青岛已经不是半年前的青岛。

这个秋天,山东境内不少中共地下党组织遭到重创,青岛的组织系统更是破坏严重。萧军供职的《青岛晨报》和孙乐文负责的荒岛书店均属地下外围组织,他们的处境也危险起来。

中秋节,舒群和妻子倪青华、妻兄倪鲁平(当时的中共青岛市委组织部长,公开身份为市社会局劳动股科员)去在四方的倪家过节,临走之前,也曾邀萧军同行,但萧军因故未去。

这天晚上,他们被当局逮捕。而同一天,当时的市委书记高嵩也被捕——他是舒群在哈尔滨商船学校的同学。

随后,《青岛晨报》被迫停刊,孙乐文也已暴露。

风声越来越紧。

一个风雨之夜。孙乐文将萧军约至栈桥尽头,在那座大亭子的阴影里,他给了萧军四十元钱。第二天他就要转移了,也许会离开青岛。"书店、家里全不能住下去了,你们也赶快走罢。"这四十元,是孙乐文为他们借来的路费。

风从海上来,卷带着腥气以及浓黑的恐惧,浪拍打着礁石,心,

第四章 "大连丸"上

随着这轰鸣声抽紧。

这是10月底,秋风秋雨愁煞人。

四

这次的逃离,甚至没有离开哈尔滨时的从容。回家之后,萧军马上写了一封信给鲁迅先生,告知他,自己和萧红马上就要离开青岛去上海,千万不要再来信了。

观象一路一号,小楼旁边就是一处警察派出所,置办的家什,只有抛弃了。

买了四等仓的船票,依旧是和货物堆在一起——"同咸鱼包粉条杂货一道,席地而坐。"

二萧与梅林同时离开青岛。

这条日本船的名字似乎仍是'大连丸'——这和几个月以前我们由日本侵占下的哈尔滨逃到大连,由大连到青岛所乘的是同一条船。

在青岛的几个月,是萧红一生中最为舒适和安宁的日子。萧红与友人闲暇之时,徜徉在葱油碧绿的山海之间,她穿布旗袍、西装裤,脚着后跟磨去一半的破皮鞋,一副"粗野"的形象。而多在夜晚进行的写作,也是投入:每于夜阑人静,二萧时相研讨,间有所争,亦时有所励也。

在南行的路途中,青岛如同一处驿站,萧红暂且下船休憩。正是这四个半月的安宁,让她写出了奠定自己中国文学史地位的《生死场》。相对的安逸,让萧红不必囿于饱腹的忧虑,可以站在高处,看到人生与世界的内伤。

这段时光,甚至没怎么出现在她日后的追忆中,它不似在商市街的饿与冷,而是充实且忙碌的。

对二萧而言,这一段时光,食果腹,衣蔽体,相互扶持。如同年少的激情过去,剩下细水长流,而生活终于摆脱了最初的困顿,在相依相偎中,他们秉烛夜谈那些挚爱的文字。

假如,未来的无尽岁月一直如此,该是多么美好无匹。

然而,若恰如假想的那般,那些岁月又怎算得上艰难?

第五章 在萧军身后

第五章 在萧军身后

一

上海的冬天，阴冷透骨，叫人抑郁难安。

照旧没有太阳，浓重的水汽令空气沉重无比，它沾染了细碎的灰尘，呼吸入喉，全无北方的凛冽直接。

再过一天，就进入12月——那是彻底的深冬了。

11月30日，是鲁迅约见二萧的日子。对于两个年轻人而言，这座江南城市中举目无亲的萧索与冬的寒冷，在这一天，猛然间荡然无存。

近一个月之前的11月2日，二萧抵达上海。第二天，他们就给鲁迅先生去了信。先生的回信照旧是"即复"，只是见面一事，他似乎有些为难——

见面的事，我以为可以从缓，因为布置约会的种种事，颇为麻烦，待到有必要时再说罢。

先生极为客气的语调，隐匿着他的拒绝，麻烦是一个理由，其中还有他的不安。对于两位外乡来的青年，除了此前的信件交往，鲁迅与他们并无过多深交。而青年，是易变的。

转眼，到了月末。

孙乐文给萧军的四十元路费，已经用去了二十多元，还剩十八元几角。二萧在拉都路租了一间亭子间，先付了九元房租，余下的钱买了一袋面粉、一只小炭炉、一些木炭、一只砂锅，以及油盐酱醋。之后，所剩无几。两人已致信哈尔滨的朋友请求支援，但眼下，如何在上海生活下去？

随后，住在少时同学处的梅林，按照萧军绘制的地图，找到了二人住处。那一顿午饭，照旧是葱油饼。他们还买了一斤牛肉，熬了一锅青菜汤。那一袋面粉，立在墙边，看见萧红从口袋里往外掏面粉时，梅林忽然对那袋面粉生出发自内心的珍惜，他希望那只口袋能长时间地饱满，否则，他们如何度过接下来的时日？

梅林提议，为庆祝三人从青岛迁来上海，应该到馆子里好好喝一杯。当然，这样的提议也有随便一说的意味。

萧红回过头来，皱着鼻子大声揶揄："你算了吧！"萧军则是郑重告诫："这是浪费！首先我们要把自己的战壕扎稳，这是上海！"

可见，上海的生活虽是艰难，但他们依然铆足了劲，誓要在这座城市谋一条出路。

虽说鲁迅还未打算与二萧见面，但在艰难的生活中，他依旧如同一束光，让他们在捉肘见襟之间，有隐隐的希望。所以，这次来上海，不同于从哈尔滨逃亡青岛，虽说前路无着，但上海有鲁迅先生。

近乎无聊的一个月，萧军只好将精力投诸自己的作品，这段时间，他终于改完了《八月的乡村》。

来上海之前的日子，无论多么寒苦，萧红总有独有的醒目之处。而此时的萧红，则如同萧军背后的一个影子。

虽然，她一样心存见到鲁迅的愿望，但她的身影，只是在萧军

第五章　在萧军身后

的回忆里，她忐忑着，盼望着。

可以肯定的是，初来上海，她一直在忙碌。这忙碌不单单是日常生活的操持，自在哈尔滨商市街之时，她已成了要自己过生活的妇人，摆在眼前的是生存的油盐酱醋。

亭子间的阴冷中，她以单薄之躯温暖着自己，也温暖着萧军。

由于萧红的督促和鼓励，我终于改完了《八月的乡村》；她不畏冬季没有炉火，没有阳光，水门汀铺地的亭子间的阴凉，披着大衣，流着清鼻涕，时时搓着冷僵的手指，终于把《八月的乡村》给复写完了！——即使到今天，此情此景仍然活现在我的眼前，我永远感念她！

如果没有萧红，萧军也许早就把文稿付之一炬。因为，现实的重压，让他无从以昂扬的姿态，冷静对待笔下的所思所想。

依偎，取暖。就这样，二人熬着上海的初冬。盼信，读信。他们以这唯一的希望，打发着酷寒的时光。

每天的午饭或者晚饭后，萧红与萧军总会沿着拉都路往南散步。如果，这天正好接到了鲁迅先生的信，他们就会花六枚铜板买上两小包花生米，每人一包，边走边吃边说。等到行人车马渐少，口袋里揣着信的那个人，会把信拿出来，小声地读，另一个则静静地听。

在大上海的夜晚中，两个人大笑、叹息，孩子般追逐。

这是属于那个年代的纯粹。一位导师的信，只是薄薄的一页纸，却如阳光，拨开笼罩的迷雾，叫人有义无反顾的皈依感。

然而，活着，总需要填饱肚皮。

若把目光投向车来人往的十里洋场，二萧又认识谁？他们熟悉的，也仅仅是这间窄小的亭子间中——那寒凉的空气。

他们因鲁迅先生而来，可先生仍是尚未谋面的陌生人。

那种四处游荡却无所依靠的惊恐，每天都在倾轧着他们，甚至要消磨掉最后的斗志，除了鲁迅，他们找不到可以求助的任何人。

在11月13日写给鲁迅的信中，萧军提出找工作以及借钱的要求。

这一封信成了萧军几十年抑郁于心的疙瘩：一个能抽刀断水的男子，却终究无法抵御饥饿与困窘，高高在上的尊严，一下子碎为此后数十年的羞赧。

鲁迅的回信，极其坦诚——找工作有困难，毕竟他的人脉有限；而借钱，是不成问题的。

或许，这一封语调淡然的回信，稍微抚慰了二萧内心的焦灼。

密集的通信与二萧的诸多问题，让鲁迅先生决定见一见这两位迫切的年轻人。

地点，就约在内山书店。

二

北四川路（今四川北路）的电车道，一直向北延伸。鲁迅在11

第五章　在萧军身后

月 27 日的信中叮嘱，到了终点，下车再往回走就是内山书店了。

这一地段聚集了很多日本人开办的小学和医院。福民医院正对面就是魏盛里马路，边上有七栋房子，日本人内山完造租了右边入口处的两个铺子，开了这家书店。

未见先生之前，萧红与萧军就鲁迅的面目以及相见的情形，已"争吵"了一番。他们的心，"破轨地跳着"。

等他们到达内山书店时，鲁迅早已等在那里。

书店的柜台后另有套间，鲁迅正坐在桌子前分拣着信件和书籍，见到二萧进来，他走到萧军面前，问一声——您是刘先生吗？

早先，二萧颇为满意的照片已随着萧红的《生死场》文稿，来到鲁迅的手中。因此，辨认这两位年轻人，不是难事。

得到肯定回答后，鲁迅又折回内室，把书物和信件收进一个包袱，说——我们就走罢。

跟在鲁迅身后的二萧，这时才定下神来，望向鲁迅的背影。

他着一身黑瘦的袍子，西装裤管藏在其中，脚上是一双黑色的网球鞋，又一头森立的黑发。

初次相见，先生只一句淡淡的"走罢"。这样的开场，完全不同于二萧事先的想象。

从内山书店出来，鲁迅在前，二萧远远地随后。

越过一条东西大路，再往西行，在一家咖啡馆前，鲁迅停驻，然后推门进去。

鲁迅在门边的位置坐定。来客大都匆忙直冲而入，这近门处反倒僻静而隐秘。

"刘　吟　先生"，鲁迅在信中是这样称呼的。虽说，在鲁迅的那一页纸上，二人并置，但是，萧红或许还未做好面见先生的准备。

那仰慕已久的、如同父亲的鲁迅就坐在面前，萧红不知如何开腔，或者，她不知如何平复这一腔的激动。

大约觉得女人之间更易拉近距离吧，未等鲁迅开口，萧红便问——怎么，许先生不来吗？

说完，大概又觉不妥。她两只受惊似的大眼睛，定定地望向鲁迅，这场会见等得太辛苦，等到一见，却又不知该从何处表达。

幸好，许广平和海婴及时赶到了。萧红和许广平紧握着手，微笑着，眼泪却浮上眼睛。直到离开咖啡馆，二人还在四手相握，恋恋地诉说着。

在萧军日后的记忆里，当时的场面仍在，可记不清萧红在说什么，或者可以说，女人的所说，在男子的理想和霸业里，并不要紧。

后来，萧军写下了和鲁迅的初次见面——他们聊的，都是天下大势，东北与上海的时局，年轻人的坚持和游移。

他们带来了《八月的乡村》的手抄稿——这是鲁迅特意在信中叮嘱过的。而那手稿，是萧红俊美又有力的小楷。

临别前，鲁迅将一个信封放在桌子上，这是二萧当时最为需要的二十元钱。然而，回程买电车票的零钱也没有了，鲁迅掏出了口袋里的大小银角子和铜板。

开口向鲁迅先生"告帮"，对于二萧而言，是多么大的痛苦和"难堪"，那种感念与创痛，几乎跟随了他们一生。

后来，萧军回信诉说这些感受，反倒是鲁迅安慰他们——这些小事，万不可放在心上，否则，人就容易神经衰弱，陷入忧郁了。

第一次见面，任凭谁都无法得知，鲁迅对于萧红的印象。他的日

第五章　在萧军身后

记,不过是平实的记录,并无抒发。但许广平在后来回忆萧红的文章中写道:

> 不相称的过早的白发衬着年轻的面庞,不用说就想到其中一定还有许多曲折的生的旅程。

女子的敏锐与惺惺相惜,反倒能彼此照见过往的痛处。

而萧红亦未曾想到,从寂寞的北方来到上海,她以她的天然和纯粹,在鲁迅的晚年生活中,从此占据了重要一席。

大上海的鎏金与脂粉,在这样一个女子面前纷纷倒下,萧红带着泥土的新鲜气息,融进了这方浑浊的上海滩。

无论悲辛,回头无岸。

三

那是1934年的12月18日,距离与鲁迅见面不过半月有余,二萧意外接到鲁迅夫妇邀约他们参加宴会的信件。

本月十九日（星期三）下午六时，请你们俩到梁园豫菜馆吃饭，另外还有几个朋友，都可以随便谈天的。梁园地址，是广西路三三二号。广西路是二马路和三马路之间的一条横街，若从二马路弯进去，比较的近。

署名为"豫 广 同具"，以示郑重。

萧军在四十多年后的回忆录中，声称自己已经不可能再如实地写出自己和萧红当时那种激动复杂的心境和情景。他人，若不是身临其境，又如何理解他们的兴奋。

那一封小小的书简，来自鲁迅，又实为二萧被这个城市容纳的象征。那几个可以谈天的人，就是他们未来的圈子。

第二天的宴会，将是二萧全新的开场。

萧军找来一份地图，寻找着二马路和三马路的大体位置，以及那条称为横街的广西路。然后，计量距离，确定乘坐的车次。他骨子里的军人气概，从未消褪，那是一种精明与草莽的并置。

待他把这一切查看估量之后，才抬起头来。

"你要出兵打仗吗？"

萧红略带嘲讽地问。也只有萧红，能恰如其分地形容他的心底所想。当然，这样的理解，还来自那时爱情的丰盈。

萧红想的，却全然不是这些，她那湿漉漉的大眼睛望向萧军——这一身分不出颜色的布衫子，穿了多久了？她不想也不能让他在鲁迅的宴会上，依然如此窘迫。自己爱的男人，需要一种光彩，她怎能允许他湮于人群，黯然失色。

她已经决定亲手为他做一件"礼服"。

第五章 在萧军身后

这个想法一出口，就引发了萧军的担忧。他怕她花掉了最后的几块钱，但是，又深知她不能被拦阻，且"随她去罢"。

两个小时后，萧红带回了一方黑白方格的绒布。萧军怕极了，吸一口冷气，隐约觉得萧红手里那黑白相间的布料，就是这两天的饭钱，以及去赴鲁迅之约的车钱。

不过，当萧红报出价钱，他心里的石头终于落了地。

七角五分钱。它来自一家大拍卖的店面，那是萧红在街面走了多久的收获啊。萧红寻找的，以及她此时紧握在手中的，不仅仅是一块布，而且是一把自尊。

距离宴会开场，只有不到一天的时间，任凭萧红如何心灵手巧，做好一件时尚漂亮的衣衫，依然是个大工程。

萧军的担忧，从唯恐最后的几元钱被败光，转到了无法想象自己将在第二天的下午要披着这块布头出现在梁园豫菜馆。

男子的爱，以为只是自己有足够的臂膀，可以为所爱的女人遮挡风雨，而后扛下大把的江山，与她笑看。他们实在不知道女人的不同。在她，此时此刻，爱仅仅是可以为男人做一件漂亮的衣衫，即使为之倾尽了身家，只为他能漂亮地上身，在一席人之间，有个英姿飒爽的挺立。

没有阳光的亭子间，午后便已昏暗起来。开了那盏只有25瓦的电灯，萧红依照着从哈尔滨带来的那件高加索式的绣花衬衫，以及萧军现有衣衫的尺寸，开始剪裁起来。

萧军说，他不怀疑萧红缝纫的技术和速度。但是可以想象，在此之前，萧红并未有多少缝补浆洗的经验。无论如何，在打算跳出那个给她无数束缚的呼兰老家之前，她是衣食丰裕的张家大小姐。而后，在磨难中颠沛流离，她实在是没有机会去践行自己在女红方面的天赋。

可那件衣服竟然给她裁成了。无法想象,这中间经历了多少的小心翼翼。

第二天,天光未亮。萧红记挂着那件未完的"礼服",早早起了床。下午六点钟是赴约的时间,她必须在几个小时内赶制完成。

萧军对她并无信心。然而,这个白天,"她几乎是不吃、不喝、不停、不休……只见她那美丽的、纤细的……手指不停地在上下穿动着"。她再也不和萧军说话了,只全神贯注于针线之间。

下午五点钟之前,这件衣服缝成了。

"过来!试试看。"

拿着这件衣服,萧红完全是命令的口气。

萧军顺从地把自己装进了"礼服",他惊讶于萧红的快,更惊讶于这件衣服竟然无比地合身。

"把小皮带扎起来!围上这块绸围巾!"萧红照旧是命令的语气,其实,那是属于小女子的欢欣,她以女子的细腻,构建着他们登场的姿势——别的,其实并不重要,重要的是,自己所爱的男子,置于人群当中,竟是如此出类拔萃。而这脱颖而出,是自己一手打造而成。

女人的成就感,往往就在这样的时刻,油然而生。

萧军,也不能不被这样的气氛感染,他顺从地听从着命令,如同萧红手下的兵。立正、转身,目光平视,又走得器宇轩昂。

如同两个青春未褪的孩子的游戏,他们在房间里互相打量着此时的美,将往日的穷与窘都抛弃在一边。

当四目相对,他们忍不住紧紧地拥抱在一起——因为爱情,也因为即将开始的新生。

第五章　在萧军身后

四

梁园豫菜馆位于广西街的中段，是一座脸面朝西的旧式二层灰砖楼房。这家馆子开张于十多年前，如今，在上海滩已经颇负盛名，更是名流来往之地。

在鲁迅的日记中，我们可以看到，他不仅时常在这里宴请宾朋，还时常"属梁园豫菜馆定菜"，或是请这里的厨师"来寓治馔"。

下午六点左右，二萧找到了这家鲁迅信中说的梁园豫菜馆。上了二楼之后，见许广平正在张望，宾客大抵已经到齐。

十一年之后，许广平再忆萧红，难忘这第二次见时萧军身穿的"礼服"——穿的和缝的都感到骄傲，满足，且欢欣。

当天的宴会，共有九人到场：鲁迅先生一家、二萧、聂绀弩夫妇、茅盾、叶紫。鲁迅的这次宴请是为庆祝胡风长子满月而设，只是，胡风夫妇因信件被耽误未能前来。

宾客都是上海文坛的风云人物，而初来的二萧，对眼前的客人全是茫然无知，萧军在日后的回忆中，记得最深的是那一餐美味，以及吃饱的满足感；而内心，依旧有着外乡人的迟疑与讪讪，甚至，他不知道自己的话题该从何而起，只说了些东北老家的习俗。

然而，聂绀弩为夫人夹菜的情形，感染了萧军。草莽的他，大约未曾想到应该这样做。当然，在难以饱腹的贫寒中，他也从来没有机会这样做。

　　学着聂绀弩的样子,他为萧红夹来了远处的菜。只是,萧红在桌子底下暗暗制止了他。

　　席间,萧红专门给海婴带了见面礼——两颗醉红的核桃,这是祖父留给自己的玩物,它经历了时光的熏染,在桌上闪闪地滑动;还有一对枣木的小棒槌,那是他们离开大连时,朋友王福临赠送的。看得出,那都是萧红的心爱之物。

　　这餐饭大约持续了三个小时,对于二萧而言,虽远未消除对这座城市的陌生感,但是,他们应该深知鲁迅先生的用心——上海的文坛,由此为二萧开启了一道狭小的缝隙。

　　在后来关于萧红的介绍中,"左翼作家"是她的标签之一。也许,正是从这一餐饭开始,她步入"左翼"的范畴。其实,"左翼"对她而言,几乎没有主观上的选择。不同于他人在"主义"上的趋之若鹜,萧红的抗争,生发于故乡和童年,有着近乎自然而然的天性。

　　而人生,大约就是如此,走过之后,自有后人将你划为某一个类别与出身,于是,不得已之中,你便肩扛了道义。

　　在回程的路上,二萧挽着彼此胳膊,走在大街和小巷。此刻,他们是世界上最幸福的人。

　　萧军在路上才从萧红处得知四位生客的姓名和背景,这些都是饭前、饭后许广平悄悄告诉萧红的。而饭前许广平之所以到外张望,是担心他们被特务盯梢。

　　为了纪念这次宴会,也为了纪念那件"礼服",1935年春,二萧特意到法租界的万氏照相馆照了一张合影。萧军的格子衬衣,萧红轻含的烟斗,成就二萧的经典形象。四目之中,还有满足与期许。

第五章　仕萧军身后

1979年，七十二岁的萧军，在《我们第一次应邀参加了鲁迅先生的宴会》一文中，用不小的篇幅回忆了这一张照片。

过往的青春岁月，到暮年，是念想，又是浓厚的悲凉。在萧军手里的那一张照片，历经"水火刀兵"，尚能生死相伴；只是，身边的那个人，已别去经年。

那一段时间，萧红的确如同能干的主妇。胡风的夫人梅志多年后回忆她们的初见——

我第一次见萧红完全把她当做个普通的但能干的家庭主妇。瘦高的身材，长长的白皙的脸，扎两条粗粗的小辫，一对有点外凸的大眼睛，说话时，声音平和，很有韵味，很有感情，处处表现出她是一个好主妇。

然而，男人的眼光，略有不同，如同鲁迅后来对萧红的珍视，在胡风的回忆中，萧红则有另一番味道——她"没有那时上海滩姑娘们那种装腔作势之态。因此虽是初次见面，我们对他们就不讲客套，可以说是一见如故了"。

显然，这次晚宴，给大家留有更多印象的是萧红，大约是萧军只顾着埋头于吃的缘故吧。

在许广平的眼里，那时的萧红有着健康的体格，可见，青岛的安静生活，让她从往日的病与弱中彻底走出。

然而，萧红虽率真，却不谈过往身世与人生阅历。因而，这一餐饭后，许广平只简略地知道萧红是从家庭奋斗出来："何必多问，不相称的过早的白发衬着年轻的面庞，不用说就想到其中一定还有许多

曲折的生的旅程。"

当然，鲁迅因担心萧军生性鲁莽，不明白上海政治、社会环境的危险与恶劣，怕他直冲蛮闯惹出祸事，特地指派叶紫作为他们的"向导"。宴会后，二萧与叶紫渐渐熟悉起来，成了要好的朋友；聂绀弩更是与二萧保持了终生的友谊；而茅盾对于萧红《呼兰河传》的流传起到了至关重要的作用。

宴会的第二天，鲁迅便致信二萧——

吟太太的稿子，生活书店愿意出版，送给官僚检查去了，倘通过，就可发排。

这真是一个好消息。

第六章 春天

第六章　春天

一

春天来了。

严格说，此时的萧红仍然不是萧红，她只是吟太太——冠之以"太太"的名号，让人不能不想到，她是一个站在男人身后的女子，为他操持，为他辛劳。

鲁迅先生显然已经认可了这两位远道而来的年轻人。他积极地向刊物推荐着他们的作品，策动着他们迈向文坛的脚步。

1935年3月1日，萧军的《职业》发表于《文学》。四天之后，萧红的《小六》刊载于《太白》，《小六》取材于萧红的青岛生活。

这是二萧迈向上海文坛的第一步。因此而来的是生活的窘迫有所缓解，以手中之笔，他们可以在这片陌生的土地上活下来了。

萧红是如何和鲁迅熟悉起来的？我们无从把握那个最初的契机。总之，她如同一个蹦蹦跳跳的小女孩，一下子跃进了鲁迅先生原本沉闷和老气的生活。在鲁迅眼里，如萧红这般的清澈之态，是人生的希望，也是世道的希望。

敏锐的萧红，想必也是洞悉了先生的厚爱，越发大胆起来。

在二萧给鲁迅的去信中，除了萧军那些"庄严"的问题，萧红按捺不住好奇，又给鲁迅提了一些"捣乱"的问题。比如，旧历新年将近之时，她问先生，是否想念住在北平的妈妈，或者是否想到北平看看？

萧红更不忘就鲁迅在信件中对萧军诸如"自己少说话,要说,就多说些闲谈"的告诫,发出那不过是"老耗子"在教"小耗子"各种避"猫"的法门的高论。

在鲁迅面前,萧红有一种难得的放松,日后她也坦言,鲁迅让她重新感受到了祖父的存在。鲁迅似乎唤醒了萧红少年时与祖父追逐的旧忆,那天性里的调皮,刹那间得以释放。一份天然的童心,是萧红所有,也是鲁迅所需吧。

鲁迅随后复信,也是不厌其烦。

新年的第一天就要忙于工作,鲁迅坦言自己哪里还记得妈妈,更不用说跑到北平去看望了。对萧红的调侃,也照样一一回复:

吟太太究竟是太太,观察没有咱们爷们的精确仔细。少说话或多说闲谈,怎么会是耗子躲猫的方法呢?我就没有见过猫整天的咪咪的叫的,除了春天的或一时期之外。猫比老鼠还要沉默。春天又作别论,因为它们另有目的。平日,它总是静静的听着声音,伺机搏击,这是猛兽的方法。自然,它决不和耗子讲闲话的,但耗子也不和猫讲闲话。

另外,在一封信中可见,鲁迅先生爱护青年,时刻提醒着他们不要鲁莽。

除了这些捣乱的问题,萧红还敢于写信,联合一帮年轻人去"胁迫"鲁迅先生请他们吃顿好的。

那一次,萧红不再与萧军共同署名给鲁迅写信,而是自己单独去信,并附上新作《小六》——这篇小说取材于青岛时期的见闻,记叙

第六章 春天

了隔壁邻居小贩的生活,她希望鲁迅能介绍发表。

当然,萧红这次单独给鲁迅写信,亦另有原因。叶紫嘴馋了,又没钱吃点好的,就前来与二萧商量,要鲁迅先生再请一次客,打打牙祭。不过,萧红在信中的建议是,吃得差一点也没有关系。

这次"敲诈"居然成功了。

鲁迅说——因为要请,就要吃得好,否则,不如不请,这是我和悄吟太太主张不同的地方。

吃饭的地方最终定在了"往桥香夜饭"。此前,萧军不肯签名,但依旧跟着吃,且是吃得最多的那个。

在鲁迅的日记中,能觅得这一顿饭的痕迹,那是1935年3月5日的晚上,席上有五个年轻人以及鲁迅一家三口。那一则日记中,鲁迅没有称呼"萧军夫妇",而是称呼萧红为"悄吟"。

对于几位年轻人而言,胁迫"老头子"(年轻人对鲁迅的昵称)请客,一则可以一解积攒了多日的嘴馋,但最为重要的是,萧军、萧红、叶紫三人在饭桌上开始酝酿成立"奴隶社",自费出版自己在当局酷压之下难以出版的书。此时,距离萧红《生死场》送审已近三个月,迟迟没有消息。而叶紫的《丰收》,在此之前就无法通过审查。至于萧军的《八月的乡村》,题材更为敏感。

另外的两位年轻人为《译文》的编辑黄源与《芒种》的编辑曹聚仁。融入这些年轻人的圈子,为二萧开拓了更为广阔的天地。

但是,谁也未曾料想,黄源与二萧后来又生出了纠葛,当然,那纠葛与黄源的夫人许粤华有关。人生的相遇大抵总是如戏。男女之间的友谊总是脆弱无比,而女子之间的交往,不容得介入对男人的情感,一旦如此,同样脆弱无比。

曹聚仁，也自此与萧红结缘。

二十二年后的1957年，萧红的骨灰自香港浅水湾迁葬至广州，香港文艺界在九龙红磡永别亭为萧红送行。那一篇经典祭文即出自曹聚仁之手，之后，他与其他五人护送萧红骨灰前往深圳。

所谓物是人非，给予人的痛感，莫过于此。那二十二年前，一桌子年轻人的欢腾，停驻脑海，又永世诀别了。

二

在上海拉都路，二萧搬了三次家。

在鲁迅的举荐下，他们逐渐为上海文坛所知，生活也一日一日改善了起来。

第一次住进的在拉都路北端的那个亭子间，是一家名为"元生泰"的杂货店转租给他们的。这间小屋虽然阴冷，却也是他们的福地。在以油条及咸花生米度日的时光里，他们结识了鲁迅和上海的文学青年，在坚硬且陌生的城市中得以立足。

而后，他们从拉都路的北端搬到南端，第三次搬家，又到了这条街的中间。

第六章 春天

拉都路351号，这是萧红与萧军在这条街上的最后一处住所。穿过入门的铁栅栏，是三幢西式楼房，都是三层高。他们就住在中间一幢的三楼。

转眼5月份了，夏的意味在逼近。

那天上午，传来不疾不徐的敲门声响。

开门，竟是鲁迅先生一家。这是怎样的惊喜啊！

照旧是鲁迅请吃饭，他们在风和日丽的暮春中，去法租界的一家餐厅就餐，而后，萧红与萧军送鲁迅一家上了电车。

在拉都路351号的三四个月，萧红唤醒了哈尔滨的那段记忆。她完成了系列散文《商市街》，那些寒凉的往事，在她的笔端被丰满地捧出，意外的，她几乎未加修饰。正因为这些文字，人们得以了解这个阶段的萧红——她的艰难，她的爱与逃离。从《欧罗巴旅馆》到《最后一星期》，字字句句，是不同于江南文坛的气息。

只是，《生死场》的稿子退回来了，虽然生活书店有意出版，但是严苛的审查还是未曾放过其中的字字血泪。

连鲁迅都无奈至极。

"拿到《妇女生活》去看看，倘若登不出，就只好搁起来了。"鲁迅的这封信写于1935年8月24日，距离稿件送审已经九个月。

然而，在《妇女生活》上的尝试，最终也是无果。

此时，叶紫的《丰收》与萧军的《八月的乡村》已经自费出版，出版无路的萧红，也决定走他们的路。

当时的《生死场》还未有一个正式的名字，仅用第一章《麦场》暂作书名，这样的一个名字，听起来带点闲适农家风韵，看起来与萧红的抗争及悲悯关联不大。虽说，早在青岛之时，萧红在萧军的建议之下，就有意用"生死场"命名，但是最终确定，依然又费了些心思。后来，胡风的建议起了关键作用，而鲁迅也认为"《生死场》的名目很好"。

鲁迅一家与二萧的关系，在这段时间越发紧密起来。他给他们写信，有日常的关切、书稿的问询以及会面的约定。

忙于出版《生死场》，萧红大约未曾有时间写下什么。鲁迅在信中问——久未得到悄吟太太的消息，她久不写什么了吧？

言语间，有殷殷的期盼。甚至，因寻访不遇，在信中暗自懊恼了起来。

那一天，是我的预料失败了，我以为一两点钟，你们总不会到公园那些地方去的，却想不到有世界语会。

……

我们一定要再见一见。我昨夜起，重伤风，等好一点，就发信约一个时间和地点，这时候总在下月初。

这封信写于1935年10月29日，距离鲁迅去世仅有一年。那个时候，鲁迅的身体就极差了。然而，这不妨碍他如孩子般表达与二萧相见的愿望，这对东北来的年轻人，渲染了他暮年的色彩，让他有了一丝孩子气。

对萧红，鲁迅更是包容有加。

《生死场》即将付印，萧红向鲁迅索要序言和制版签名。其实，就鲁迅而言，依然以为亲笔签名之类，过于孩子气。"不过，悄吟太太既然热心于此，就写了附上，写得太大，制版时可以缩小的。这位

第六章 春天

太太,到上海以后,好像体格高了一些,两条辫子也长了一点了,然而孩子气不改,真是无可奈何。"

其实,恰恰是萧红的孩子气,对鲁迅有着不容推却的吸引,然而,他终是长者,如此念叨,倒是一种怜爱。

一个多月后,《生死场》作为"奴隶丛书"之三,自费印刷出版。萧红自己为《生死场》设计了封面。

萧红首次署名"萧红"。在此之前,她多用"悄吟";之后,则是"悄吟"与"萧红"并用。

北方人民对于生的坚强,对于死的挣扎,却往往已经力透纸背;女性作者的细致的观察和越轨的笔致,又增加了不少明丽和新鲜。

鲁迅为《生死场》作序,胡风则附读后记——

这本书不但写出了愚夫愚妇的悲欢苦恼,而且写出了蓝天下的血迹模糊的大抵和留在那模糊的血土上的铁一样重的战斗意志的书,确实出自一个青年女性的手笔。在这里,我们看到了女性的纤细的感觉,也看到了非女性的凶迈的胸襟。

鲁迅与胡风,如两翼护卫。萧红内心并置的细腻与粗犷,让不乏旖旎之态的上海文坛,颇感新奇与惊讶。

关于"萧红"的署名,到底因何而来,萧红自己并未有任何文字或者语言的描述。朋友之间,她依旧是往日的悄吟。

萧军晚年曾解释说,"田军(《八月的乡村》署名)"中的"军"

和"萧红"中的"红"让他们俩做了"红军",因为"那时国民党正在江西一带'剿共',因此就偏叫个'红军'给他们瞧瞧"。

其实,这样的说法,想来还是有些主观意志的倾向。萧军一说,大概唯恐萧红不够革命、进步,因为一直以来的萧红,都不主张直冲战场、刀起刀落。《八月的乡村》与《生死场》同时作为"奴隶丛书",虽出版时间间隔了几个月,但在萧军的个人意愿里,更愿意将其作为二人共同迈向革命的结果。

然而,《八月的乡村》和《生死场》在当时都是非法出版物,在那样的时势之下,他们只有掩饰其革命性,才能顺利出版。也正因如此,二萧放弃了原来的"三郎"与"悄吟",寻一个更为陌生的名字作为掩护,这样,才可避免引起当局的注意。

当年的三郎,在青岛以"刘均"的化名参与《青岛晨报》的编辑工作,他在第一次给鲁迅写信时使用了"萧军"这个名字,他喜欢的是两个字之间的英雄气概。

萧红之所以用"萧红"署名,应该说与萧军的建议无关,虽然,她也想表达这个拯救自己于水火并给予爱意的男子的感激。男人叫"萧军",那么由"萧"而起,似乎也只有"红"更合乎一个女人的身份。

从哈尔滨到青岛再到上海,二萧虽然经历隔阂,但是,萧红的内心依旧有着与萧军并进的愿望。况且,他们也在上海站稳了脚跟,未来似乎抬眼可见。

后来,萧红和萧军果真被以"二萧"相称,少了哪一个都如少了夺目的颜色。"悄吟"终如它的本意,在悄悄吟咏之后,转居幕后;"萧红"走到前台,并得以永久流传,成了黑龙江那片黑土之上的文化符号。

第六章　春天

萧红，这个从少年就离了故土的人，终于在长眠之后，以另外的方式回到故乡。

二萧正式叩开了上海文坛对他们闭锁的门户，成为左翼文学阵营的重量级作家。

然而，萧红的《生死场》被推上抗战文学奠基作的位置，如果说是萧红的刻意为之，不如说是身处那个时代的身不由己。也正因如此，《生死场》才可超越时代，在时光的穿行中，始终散发着其恒久的文学意义。因为，它终极的指向，不在于反抗世道，而是人的内心。

二萧出名了，看似并蒂花开，但总有高下。

两人之间的芥蒂，在携手并进的生活中，悄然萌发。

三

来上海已经整整一年了。

阴湿的冬与烦闷的早春，已经不是障碍。鲁迅先生也从笔墨交往的陌生人，成为熟悉的师友。

那是一个黄昏时分，天阴漉漉的。

我贪恋这泥淖里的温暖：萧红传

二萧按照鲁迅的叮嘱，在五点钟来到内山书店，先生正等在那里。他们要一起去鲁迅在大陆新村9号的寓所里吃晚饭。

这是他们第一次去鲁迅家中拜访。

大陆新村位于北四川路底施高塔路，这是寻常弄堂里的一座三层小楼，地上铺的是大方块的水门汀，院落安静，底层为客厅、厨房，二层为鲁迅的工作与休息之地，三楼则是藏书处。

傍晚的余晖中，客厅是黯哑的。眼前的亮色大概只是那豆绿色的花瓶以及插于其上的几柄万年青，再有，就是鲁迅先生嘴里呷着烟，伴随着呼吸，一红一灰。

鲁迅去世后，那豆青色的花瓶搬到了墓地上，成了萧红心头一抹浓重的忧伤。

晚饭后，他们围坐在餐桌旁，二萧讲了许多伪满洲国的事，而鲁迅说了些什么，大抵已为时间冲刷得了无痕迹。

转眼，夜浓了。阴漉漉的天终于兜不住了，开始落雨。

已经半夜十二点了，不得不把正浓的谈兴拦腰斩断，毕竟，伤风刚愈的鲁迅，刚刚从病痛中走出。

从此，她成了鲁迅家里的常客。

鲁迅为萧红写就的《生死场》序言，距离二萧初次到访大陆新村不到十日。大约，擦身而过的男子，只有鲁迅才最能体察并欣赏她作为女性"细腻的观察和越轨的笔致"，亦看到她的"明丽和新鲜"。

同样，只有在萧红的面前，鲁迅才卸去那些被多数人认可的样貌，成为一个平常的长者——他总是明朗地笑，随意将帽子往头上一扣，径直走他的路。

而在萧军眼中，鲁迅是哺育他们二人成长的"母亲"，是与时局

第六章 春天

周旋的战士，更是大批文学青年的提携者，他几乎马不停蹄。

很快，二萧又搬家了，这次搬家，听起来完全是因为鲁迅。他们搬到北四川路西侧的永乐里——二萧不想继续分散鲁迅先生的精力，有些琐事可以随时面谈，免去了写信的困扰；另外，二人也想对先生的生活和工作提供力所能及的帮助。

萧军曾说，持后一想法的主要是他。之后，两家开始了许广平所说的"过从甚密"的交往状态。

然而，他们二人几乎夜夜到访大陆新村的局面并没有维持多久，鲁迅的寓所内时常所见的，就只有萧红一个人了。

漫长的雨天。

这一天上午，天刚放晴，萧红就赶到了鲁迅家。

"来啦？"

"来啦！"

一问一答。如同相逢许久。

而萧红的造访，仅仅是因为太阳露了脸，她想与鲁迅分享暂时一扫阴郁的心情。

鲁迅的文字，犀利地针砭着时弊，而对俗常生活，他几乎是视而不见。然而，对于萧红，他竟留意了她的衣着，还带着十二分热忱谈论了起来。那天，萧红穿了大红的上衣配咖啡色的格子裙，鲁迅委婉地指出了这一身搭配的"浑浊"，还提起萧红前不久穿的一双军靴。而这些，连许广平都未曾注意过，萧军更是无从谈起。

又一天下午，萧红要去参加一个宴会，央求许广平为她找来束发的绸带，她们选定了米色，却又用桃红色在鲁迅面前"招摇"。萧红孩子般等待着先生的评判，而他，分明有些愠怒了。

"不要那样装她……"

这样的一句，让许广平有点下不了台。或许，鲁迅的内心，从不愿这一明丽的女子，落入俗艳的套路。

时常，萧红可以直接出入鲁迅的卧室。进了院门，许广平时常在操持家务，而她则气喘吁吁地直接跑进楼上的卧室。她几乎每天都来，甚至上午下午都要各来一次，即使如此，鲁迅也会从座位上微微站起，说一句——

"好久不见，好久不见。"

不过间隔了一个午后，竟如三秋。

鲁迅喜欢北方的面食，而这，正是萧红的擅长。

煮好的酸菜牛肉饺子端上来了，鲁迅的笑声从楼上冲了下来，那天，他吃得合意，胃口也开了些。

之后，萧红为鲁迅做韭菜合子、荷叶饼，每每提议，必然得到他的赞同。萧红自以为做得不好，而饭桌上的鲁迅，时常举着筷子问许广平：我能再吃几个吗？

在这个家庭的欢笑中，萧红得到些许温暖，所以，她日复一日地跑来。

在后人的猜测中，鲁迅和萧红的关系，总被笼罩了些暧昧的投射。其实，未必如此。偌大的上海，鲁迅的家是萧红的唯一去处。

在被赞赏的才华之外，一个青年女子让一个暮年老人，在人生岁月的尾声，重温起少年时光。

正因如此，鲁迅对海婴对萧红独有的喜爱，有不同的解释："他看你梳着辫子，和他差不多，别人在他眼里都是大人，就看你小。"

第六章　春天

　　同样，在鲁迅的眼里，萧红也是个孩子——她带着来自北国的气息，用稀有的透彻，稀释着上海阴冷的冬与闷热的夏。也只有萧红，能看到鲁迅的平常。当他们同行看电影返回，在苏州河畔等车时，鲁迅坐在微弱的灯光下，萧红心里一紧，暗想：他"和一个乡下的安静的老人一样"。

　　在鲁迅家中，萧红认识了许多朋友，比如冯雪峰、鹿地亘、史沫特莱等人。

　　其实，鲁迅家的客人并不多，在他家吃饭的人更是没有。

　　但周六的晚上不同。

　　那是4月底的一个傍晚，周六。鲁迅先生二楼的卧室里摆满了饭菜，桌子四周围坐满了人。周建人全家，萧红是认识的，另有一个瘦高的男子，之前并未见过。鲁迅先生介绍说："这是位同乡，是商人。"

　　这位商人有点特别。他活泼健谈，本是在商言商，可他竟然谈到《伪自由书》及《二心集》，甚至鲁迅的书，他几乎全部读过。

　　萧红一直狐疑着这个男子的身份，她称呼他为X先生。

　　有一天晚上，X先生从三楼走了下来，他向鲁迅告辞，说自己要搬走了。待他出了门，鲁迅大概也看出了萧红一直以来的狐疑。

　　"你看他到底是商人吗？"

　　"是的。"萧红回答。

　　"他是贩卖'私货'的商人，是贩卖精神上的……"

　　面对萧红，鲁迅并不避讳自己的交游。

　　这时，萧红才真正了然，原来"X先生是走过二万五千里回来的"。这X先生，就是冯雪峰，与鲁迅同为绍兴人。

　　长征结束后，冯雪峰秘密赴沪执行一项特殊任务。1936年4月，冯雪峰携电台和活动经费秘密返回上海，此行的任务是恢复中共在上海的组织和情报系统，"附带管一管"左翼文化活动。

原来，萧红所见——那天，X先生从三楼下来，手里提着小箱子——或许，就暗藏着上海此后的风云。

四

在鲁迅看来，萧红在写作上的前途，更为辽远。

而二萧之间的比较，在《八月的乡村》和《生死场》出版之后，被更多的人提及，文学界似乎更看好萧红。

胡风就曾经直接对萧军道出萧红的好，而且认为萧红的才情更高一筹。

她的人物是从生活里提炼出来的，活的。不管是悲是喜都能使得我们产生共鸣，好像我们都很熟悉似的。而你可能写得比她的深刻，但常常是没有她的动人，你是以用功和刻苦，达到艺术的高度，而她可是凭个人的天才和感觉在创作……"

第六章　春天

虽说后来的萧军在中国文学史上也是成就斐然，然而他并无萧红那跳脱而出的姿态。

写作者与戏子伶人一样，总要祖师爷赏饭吃，才有人前的风光。

刻苦，终究不过造就一个匠人，他们给出的精巧多在表面的雕琢，至于更为深邃的意义，大抵要归于徒劳了。

1936年5月，鲁迅在接受美国记者埃德加·斯诺访问时，提及当时的优秀作家，说到了萧军、柔石、张天翼等。

然而，他特意提及了萧红，在鲁迅的预知中，萧红"是当今中国最有前途的女作家，很可能成为丁玲的后继者，而且她接替丁玲的时间，要比丁玲接替冰心的时间早得多"。

这一年，是萧红创作的一个高潮期。

1936年初创立的《海燕》登载了萧红的《访问》《过夜》等文章。随后，《中学生》月刊和《文季》月刊连续登载了系列散文《商市街》中的篇目。

此时的萧红，已不需要自费出版，或者靠鲁迅四处探寻门路，出版商开始主动上门了。她与生活出版社签约，出版《商市街》与《桥》两部散文集。而这两本书，也已入围巴金主编的《文学丛刊》。

然而，文学的快意之外，生活的沉闷又在侵蚀她的心。

两年前，萧红的文学之路在哈尔滨起步，那时，正是与萧军初识之时，这个男人给予她的炽热的爱，甚至成了她文学的温床。

两年后的上海文坛，萧红不可阻挡地成为了一位新锐女作家。可命运总看似无意地给人这样的玩笑——萧红与萧军的感情亮起了红灯，萧军的"绯闻"，或者说他在情感上的"散步"，给萧红带来不能消弭的苦楚。

据说,那个女人是陈涓。

两年前的元旦前后,萧军与来自上海的陈涓有过一段情感纠葛,萧红曾就此有所苦痛。然而,二萧在艰难中相互扶持着前行,还有什么不能原谅的旁逸斜出?

慢慢地,往事淡忘。但任凭谁都能感知,那沉积心湖的旧年往事,一旦被打捞起并展现于眼前时,将是更为血淋淋的痛。

1936年初春,陈涓回上海探亲,此时,她已为人妇为人母。

在哈尔滨的商市街上,萧军与陈涓的情感纠葛,因这位南方姑娘的离开而画下休止符。只是,那不是句号,更似一串省略号。

1934年秋,二萧始抵上海,那时尚且是肚子都不能填饱的日子。

有一天,萧军去陈涓在上海的家,他尚不知道,这个南方姑娘此时正漂泊在沈阳。陈涓是在接到家信之后,才知道有个名叫三郎的写文章的"老粗"去过自己的娘家。

刚到上海的萧军虽然亲到陈宅拜访不遇,但获知了陈涓的去向,自此便建立了书信联系。

这番找寻,萧红大约并不知情。

次年暮春,陈涓在哈尔滨举行婚礼,萧军以自己和萧红的名义发去贺信,信中除了祝贺当年的南方姑娘与有情人终成眷属外,还埋怨起上海多雨的天气。

萧红终究发现了萧军对陈涓的念念不忘,她不能释怀的还有萧军竟然借二人之名与陈涓通信。这一时间,她写下了《一个南方的姑娘》,记叙当年萧军与陈涓的交往,以及自己的愤懑。只是,当年的愤懑如今又成了今日的愤懑。

1936年初春,陈涓做了母亲,带着孩子回上海省亲,她的哥哥

第六章 春天

住在萨坡赛路16号,距离二萧当时的住所萨坡赛路190号很近。

陈涓大约还真不是富有心机的姑娘,按说,当年的不快之后,她该对二萧避而走之,然而她未能如此。或许,萧军借二萧之名的来信,让她以为当年的误会早已冰释,况且,自己已经结婚生子,想来不会再有风波。

然而,这只是陈涓的一厢情愿罢了。

二三月间,陈涓带着幼妹前来看望二萧。

萧军式的情爱,如同他对待生活的一切,是直面的进攻。这一点,陈涓在哈尔滨早已领教,只是她并未放在心上。而萧红,对萧军实在太过了解,她已然意识到这次会面后的惊涛骇浪。

萧红依旧是数年前的漠然,防御的敌意仍在。待到临别,陈涓提出要萧军送她们回去,大概是萧军此时心潮澎湃,又囿于萧红的不满,一路无话。

自那以后,萧军时常一个人到陈涓家探访,邀请她一起出去吃东西。陈涓慢慢感觉到萧军的异样,萧军那"固执的性格""强烈的情感"令她开始烦恼,觉得他"太把自己沉溺于幻想中了"。而且,她隐隐感到事情越来越糟,因为萧军的"那种倾向实在太可怕了"。

就在此时,二萧的搬家计划提上了议事日程。虽然萧军说,这次搬家是为了帮鲁迅先生做些事情,但在萧红的心里,未必没有借搬家远离陈涓的想法。

二萧搬到北四川路后,离陈涓家所在的法租界比较远,乘坐电车也需一个小时,但萧军还是不辞辛劳。而且,成名后的萧军多了应酬,他便利用在外边有饭局的机会,轻松躲过萧红,前来看望陈涓。

敏感的萧红对这一切早有洞察。有一天,她问即将出门的萧军是否是去找陈涓,萧军连忙撒谎说是到书店去,并说,那样远的路程去干什么?

一见到陈涓,萧军便向她转述了出门时与萧红的对话,然后朝她很高兴地笑了笑,似乎在骄傲而讨好地向面前的女人示意:"我这不是找你来了吗?"

一天晚上,萧军酒后来到萨坡赛路16号,见到陈涓,兴冲冲就来了一句"我在四川路桥新亚吃饭",然后没了下文——与当年他冲到陈涓家中,在一群朋友之间只是直盯盯地望着她的方式,如出一辙。

萧军只是想以自己的方式说:"我不怕路远,又来找你了。"

然而,萧军的热情并未得到陈涓的回应,反而加剧了她的惧怕。陈涓窘在客厅中,好不容易挨到萧军起身要走,陈涓把他送到门口,萧军回身在她额角上吻了一下。

这是萧军第二次强吻陈涓。

对于已婚且已为人母的陈涓而言,萧军的疯狂是可怕的。或许,她不过是记起旧日的温好,浅淡重温便可。陈涓曾谈及萧军"固执的性格"和"强烈的情感"——爱而不得,即要拼个鱼死网破,或许,这才是陈涓最为害怕的一点。

因而,在这样的炽烈面前,陈涓逃遁了。她身后还有她的丈夫以及她的孩子,持续以往,又将如何收场?

在上海住了几个月后,在丈夫的不断催促下,陈涓最终决定于5月1日北上。

第六章　春天

临行前，萧军送来他帮助筹措的二十元旅费，这令陈涓非常感激。

除了强行的拥吻，萧军并未从陈涓那里得到过什么，但他的心，并不因陈涓北上而灰冷。

临走的头天晚上，友人前来为陈涓送行。说话间，萧军来了。

他进屋后并不跟任何人打招呼，即要陈涓马上跟他一起出去吃东西，语气中没有商量的余地。

实在无法拒绝，陈涓与萧军来到靶子路一家咖啡店，两人相对无言，萧军要了一瓶伏特加，陈涓要了杯咖啡，依旧是沉默。

陈涓尴尬至极，因为一位前来送行的男同事还在融光戏院门口等她，面对借酒浇愁的萧军，陈涓也是无计可施。

萧军喝了一瓶又一瓶，陈涓实在忍不住按住酒瓶，一再央求甚至哀求他不要再喝了。萧军最后答应说："从明天起我就不再喝酒了，为了你的缘故。这一杯，你让我痛痛快快地喝了吧。"

喝完最后一杯酒，他们走到街上已是晚上十一点，陈涓不肯让萧军送她回家，只好撒谎说要到别的地方去。支走萧军后，陈涓来到融光戏院门口，找到已经等了很久的同事，又一同走回靶子路。就在这时，萧军突然从电线杆后面走出来，向陈涓狞笑几声，然后扬扬手走了。

陷于爱情的萧军总是疯狂的，从他与萧红在哈尔滨的洪水中相逢便是如此，而之前、之后，想必也是如此。

在萧军的鲁莽求爱之中，陈涓并未有任何主动的行为或者想法，然而，为何会给萧红带来如此大的苦恼？其实，1936年上半年给萧红带来情感创痛的还不只是陈涓的回沪与离开。

哈尔滨的那场大水之后，萧军爱了萧红半月，就移情于一个名叫Marlie的女子。萧红无奈，只在诗中问："你的心，不是已经给了我吗？"

我贪恋这泥淖里的温暖：萧红传

两年前的 5 月，萧红发表名为《幻觉》的诗，说到李玛丽，"名字叫 Marlie"——"玛丽姑娘生得很美，又能歌舞。""弯弯的眉儿似柳叶，红红的口唇似樱桃。"

李玛丽是位气质极佳的大家闺秀，当时她主办的文艺沙龙，在哈尔滨极有名气，有一批正直的男士围拢在她周围。许多人追求她，甚至暗恋她。萧军，是其中的暗恋者之一。

动乱时局中，萧军曾暗恋的这位姑娘，也来到了上海。萧军不安宁的心被再次搅动了。

> 昨夜他又写了一只诗，
> 我也写了一只诗，
> 他是写给他新的情人的，
> 我是写给我悲哀的心的。

这是萧红的《苦杯》之二。

萧红擅于把生活的细节以及爱的伤害变成文学，在陈涓与李玛丽的夹击之下，萧红又提起藏至心底的暗伤累累。

> 说什么爱情！
> 说什么受难者共同走尽
> 患难的路程！
> 都成了昨夜的梦，
> 昨夜的灯！

（萧红《苦杯》十一）

第六章　春天

二萧在上海的安静甜蜜，因为另外的爱情，已经到头了。

鲁迅家，已经许久没有去了。二萧搬到北四川路的初衷，因一桩情变，被打得风流雨散。

萧军仍旧是萧红的拯救者，与四年前在哈尔滨的那个雨夜没有什么不同。

"爱便爱，不爱便丢开。"四年前的那一夜，他已说了自己对爱情的态度。对于萧红而言，既然自己接受，与他度过激情与艰难，如今，又有什么话好说。

在上海，二人虽是比肩成名，但萧红似乎仍然是萧军的附属，周围人来人往，可能懂得她且她又能诉说的，几乎没有。大约也只是许广平以女人的敏锐看到，"烦闷、失望、哀愁笼罩了她整个的生命力"。

萧红的不快，常常来往于鲁迅家中的梅志也看在眼里。

梅志在很长的一段时间没有见到萧红，但有几次，她们在霞飞路上偶遇。萧红独自一人去俄国大菜馆吃两角钱一客的便宜饭。梅志自然疑惑，二萧在上海已经立稳脚跟，稿费收入也不少，其间二人还逛过一次杭州——因鲁迅先生转赠了胡风一罐二萧从杭州带回来的杭白菊，梅志得以知晓萧红的杭州之旅。然而，萧红"何必一个人游游荡荡去吃便宜饭"？

抑或，这只是逃避的一种。

在《回忆鲁迅先生》的文字中，萧红似乎多是快乐的。只是，那快乐是她刻意掩饰的结果。

她有时谈得很开心，更多的是勉强谈话而强烈的哀愁时常侵袭上来，像用纸包着水，总没法不叫它渗出来。自然萧红女士也常用力克制，却又像加热在水壶上，反而在壶外面满都是水点，一些也遮不住。

又是许广平看在了眼里。

鲁迅的寓所，照样是萧红的一种逃避。

若是如传言的料定，萧红爱了鲁迅，那么她不必因萧军的出轨而写下许多怨艾的诗篇，真是感情各有所属，怎会在乎不再爱了的彼此。

许广平日后曾经撰文声称，为了减轻病中鲁迅陪客的辛劳，她不得不整天陪伴萧红谈天，因此，竟不能仔细照顾鲁迅，害他午睡受凉。

萧红不断来访，且一来半天不走，许广平对梅志诉苦，颇有烦言："萧红又在前厅……她天天来一坐就是半天，我哪来时间陪她，只好叫海婴去陪她，我知道，她也苦恼得很……她痛苦，她寂寞，没地方去就跑这儿来，我能向她表示不高兴、不欢迎吗？唉！真没办法。"

对于许广平而言，那亦不是不宽容，任凭哪一个能干的主妇，也不能在夫君病重之时，仍需对陪笑他人有足够的耐心。

萧红又是何等聪慧，久而久之，她怎能不知道自己的多余。

第六章　春天

五

流传中，萧红对鲁迅存有爱慕之心，着实令人错愕。

许广平在对萧红的追忆中，清楚地谈到她和鲁迅与朋友相处的原则——他们极少追问别人的生活经历，除非是对方亲口说出来，甚至，对有些朋友的住处，也从不打听。

这就是那个年代的现实，风雨飘摇之中，人人力求自保；有时，又因背后不同的组织，而刻意掩饰着各自本来的面貌。

正是在这样的时代现实下，虽鲁迅一家与萧红交往甚密，但对相互的私生活，大约也是不甚了解的。

萧红，亦是不轻易倾吐自我的人，因而鲁迅夫妇与二萧之间的交往，抑或更重精神。

至于后来那些凭空而起的臆想，大约因为多数人对鲁迅的印象是高高在上的；只有萧红，以凡俗女子的目光去看待众人心目中的"圣人"，那样的人间烟火气，叫人不能不浮想。

在与二萧的大量通信中，鲁迅单独写给萧军的信件更多，另有大量信件将二人作为共同的收信人。而写给萧红的信，只有一封。

那是1937年的3月17日，信件开头称呼萧红为"悄吟太太"，告知"来信并稿两篇，已收到"，以及海婴脚被开水烫伤一事，言及"等他能走路，我们再来看您罢"。

信中言语，简单明了，并无多话。

而在与萧军的通信中，鲁迅的心扉似乎更为敞开：他不满幼子淘气又难掩老年得子的心疼，他毫不掩饰母亲即将南来给自己所造成的心理压力……

时年，鲁迅五十四岁，萧军二十八岁。试想，一位已颇有地位的长者，如何肯将生活的琐碎说与一位青年听？足见鲁迅对萧军的信任、呵护，以及认同。

当然，二萧不是独被鲁迅提携的青年，柔石、叶紫等文学青年同样为鲁迅所扶持，在文学之路上越走越稳当。

但是，可以肯定的是，二萧在鲁迅的眼中是独特的。鲁迅曾说："我最讨厌江南才子，扭扭捏捏，没有人气，不像人样。"初入上海，萧军也因难于融入上海文人圈而自卑于自己"粗鄙"，但鲁迅不以为然，他回信二萧："由我看来，大约北人爽直，而失之粗，南人文雅，而失之伪。粗自然比伪好。"

在偌大的上海，二萧身上难掩来自北方的泥土的芬芳，他们甚至有些鲁莽、憨直、不事机巧，这却正好是鲁迅在上海极少见到的气度。

而文如其人。

所以，鲁迅在读过《八月的乡村》与《生死场》之后，会以兴奋的语调赞二萧的文字"充满着热情，和只玩些技巧的所谓'作家'的作品大两样"。

许广平作为一个旁观者，对于鲁迅与二萧的交往有更为清晰的观感。

人每当患难的时候遇到具有正义感的人是很容易一见如故的。况

第六章 春天

以鲁迅先生的丰富的热情和对文人遭遇压迫的不平,更加速两者间的融洽。

这份友谊,又有时代造就的意味。

其实,世人时常将眼光集中于鲁迅与萧红,闪烁之间,试图从中捕捉到一点什么。然而从许广平《忆萧红》一文可以看到,众人只想从男女关系之间获取些谈资,并未太在意许广平对于友情的渴望。

1929年6月,鲁迅与许广平定居沪上,同年9月,海婴出生。进入20世纪30年代,因政治迫害与战事,鲁迅夫妇的生活渐失了往日的宁静,也不得不过着相对隐匿的生活。

这样的日子久了,自然让人生出空寂的惧怕。

许广平曾这样写道:"朋友来的已经不多,女的更是少有。我虽然有不少本家之流住在近旁,也断绝了往来。可以说除了和鲁迅先生对谈,此外我自己是非常孤寂的。不时在鲁迅先生出外赴什么约会的时候,冷清清的独自镇守在家里,幻想之中,像是想驾一叶扁舟来压下心里汹涌的洪涛,又生怕这波涛会把鲁迅先生卷去,而我还在船上毫无警觉。这时,总时常会萌发一些希冀,企望户外声音的到来。"

恰恰是这样的时候,鲁迅夫妇的生活中出现了二萧。"从此,我们多了两个朋友:萧红和萧军。"

二萧没有让他们失望,可以说,这段友谊最为切实的表述应该是——萧红让许广平找到了倾吐的对象,而萧军让鲁迅找到了忘年的笔友。

甚至,许广平对于朋友的渴望甚于鲁迅。

正因如此,鲁迅逝世后,萧红自东京致信萧军,看到女子的"命苦",

当一众男子都痛感国家民族遭受巨大损失之时,只有萧红在问——他的爱人,留给了谁呢?

至于《回忆鲁迅先生》中,鲁迅对许广平肆意打扮萧红的呵斥,那不是责难,而是对两个淘气的"孩子"进行"家长"式的制止。无他。

第七章 去国

第七章 去国

一

> 近来时时想要哭了,
> 但没一个适当的地方:
> 坐在床上哭,怕他看到;
> 跑到厨房去哭,
> 怕是邻居看到;
> 在街头哭,
> 那些陌生的人更会哗笑。
> 人间对我都是无情了。
>
> （萧红《苦杯》之十）

随着鲁迅病重,连去他的寓所强颜欢笑,都不能了。

此时,黄源建议萧红,可以去日本待一段时间。

日本不远,生活费也不会昂贵到哪里去;日本的环境也相对安静,可以休养写作。当然,还有一个重要的原因是,黄源的夫人许粤华也在日本攻读日文,正好可以对萧红有所照应。

然而,这个重要的原因,却宿命般的给她制造了另外一道情伤。

许多时候,你躲避什么,就会迎来什么。

"1936年夏季间,萧红决定去日本东京,我去青岛,我们在上海的'家'就'拆'了。"萧军日后的回忆里,也不无哀伤。

7月15日,鲁迅设家宴为萧红送行,谁也未曾料想,这是他们与鲁迅先生"最后的晚餐"。

两天后,在上海码头,萧红登上轮渡,驶向异国。

出发的那天,不知道萧红是否穿着在梅志家附近做好的西服?但可以肯定的是,她还烫了蓬蓬松松的头发,将一直垂挂于肩前的两条粗辫解开又剪短。她是真的想彻底改变一下旧容貌——不仅是想换个生活环境,更想换一下心境。

轮渡上颠簸三日,萧红来到东京。

临去日本之前,萧军也将奔赴青岛,二人事先约定,谁也不必给鲁迅先生写信,免去他的回复之苦。

萧红在许粤华的附近找到住处,安顿了下来。

萧红的住所北边,是一道小高坡,上面遍植松柏。它们安静地矗立在那里,矗立在雨天里,如同矗立在夜雾里。宁静极了。萧红甚至能听到树枝间鸟雀羽翼的抖动。

异国的安静,成了寂寥。

人群在刹那间远离了,她听到自己的脚步声,还有,从树叶又滑落到雨伞上的雨声。

木屐踏踏地走过,孤单的蝉鸣响起。她起身出门又折回房间,局促地坐立不安。

认识的人,只有许粤华一个。可懂日文的许粤华有自己的生活圈子,萧红,显然不是她交往的重心。

在寂静的屋里穿好衣服出门吃午餐时,萧红经过许粤华的门口,她不在;返回时再看,她仍不在;夜间再去,她与她的同伴仍未回来。

第七章　去国

> 假若，再有别的朋友或熟人，就是冒着雨，我也要去找他们，但实际是没有的。只好照着原路又走回来了。

促成萧红来东京的还有另一个因素——她辗转听闻，弟弟张秀珂也在东京读书。

萧红一到东京，就给张秀珂写信，约定第三天下午六点在一家饭馆见面。自离家之后，萧红极少得知家人的消息，与弟弟相见，却是在异国，那份期待可想而知。

约定的那一天，萧红特地穿了一件醒目的红衣服，早早等在那里，但过了约定的时间仍不见弟弟来。第二天萧红找到张秀珂所在的神田町住处，却被告知张秀珂已于萧红上船来日本的前一天回国了，对萧红而言，这如同上天与她开的一个略显残酷的玩笑。

事实上，张秀珂并没有离开日本。1955年暮春，病床上的张秀珂回忆说，当时他是知道姐姐在日本的，只是"怕特务发觉"，"竟未敢去找她"。而当时，萧红与弟弟房东的交流也不甚通畅，造成误会也未可知。直到1936年冬，张秀珂才转道东北跑到上海，只比萧红从日本回上海早两个月。

到东京不到一个月，萧红写就了《孤独的生活》，后于9月在国内杂志《中流》的创刊号上发表。

这则散文，也奠定了萧红东京生活的基调。

其实，即使远离那个给予她伤痕的人，萧军依旧未曾远离萧红的生活，她的伤与悲，也只能说与他听。

如果没有她和萧军的那些通信，后人或许难以还原萧红在东京生活的点滴，然而幸运的是，那些存留的文字，让后来的人由此寻着她在东京的痕迹,以及她由始至终的不适感。

那间屋子,实在没什么好说。一桌一椅,都是借来的。书也没有,报也没有。走在街上,路不认识,话也不会讲。

萧红在这一段时间写与萧军的信,不过是宣泄她的寂寞,而后似乎又在劝慰自己需要振作与崛起。

一首《异国》就可很好地诠释她此时的处境——

> 夜间:这窗外的树声,
> 听来好像田野上抖动着的高粱,
> 但,这不是。
> 这是异国了,
> 踏踏的木屐声音有时潮水一般了。
> 日里:这青蓝的天空,
> 好像家乡六月里广茫的原野,
> 但,这不是,
> 这是异国了。
> 这异国的蝉鸣也好像是更响了一些。

素不相识的周遭,实在加剧了一个人在陌生中的空茫感,这首诗,她信手拈来。

慢慢地,萧红开始在东京的空茫中,寻找自己的存在。来东京不到一个月的8月14日,她致信萧军——稿子我已经发出去三篇,一篇小说,两篇不成形的短文。

此时,萧军已经去了青岛。

第七章　去国

隔海相望，那并肩的陌生感反而消除了许多。读萧军的信，成为萧红打发寂寞的唯一方式，如果久未接到萧军的回信，她就会焦躁起来。

萧红在信件中对萧军的关心，事无巨细。

她一直惦记着他的小伤风，怕他自己太大意，在信中提醒说："你的小伤风既然伤了许多日子也应该管它，吃点阿司匹林吧！一吃就好。"

同时，这封信中，萧红还告知萧军两件事——要他买个软枕头，她认为枕硬枕头会使脑神经受到损坏；要他买一床薄毛被，并"责令"他收到信后就去买，且要回信写明是否已经照做。

萧红也深知萧军是不愿理会这些琐事的人，进而补充，若他懒得买，也告知一声，她可在日本买好寄回。另外，她还告诫萧军夜里不要吃东西，以防吃得过多伤了脾胃。

萧军却说："她常常关心得我太多，这使我很不舒服，以至厌烦。这也是我们常常闹小矛盾的原因之一。我是一个不愿可怜自己的人，也不愿意别人'可怜'我！"

不过是一个妻子的略有琐碎的关注，却让萧军听来并不舒服，这种不舒服一直持续到他的晚年。

1978年，萧军曾以短文回答自己与萧红的离合。对一位短命早逝的作家，他是惋惜的；然而，从"妻子"意义来衡量，他说："她离开我，我并没什么'遗憾'之情！"

鲁迅先生曾说过，女人只有母性、女性，而没有"妻性"。所谓"妻性"完全是后天的、社会制度造成的。（大意如此）

萧红就是个没有"妻性"的人,我也从来没向她要求过这一"妻性"。

她是反对她的家庭为她所订的"亲事",因而逃向了北京。可是她的未婚夫——是她所卑视的、憎恶的——人竟也赶到了北京。她终于在他无耻的、狡猾的纠缠下,而使自己降伏了,而且有了身孕,竟被作为"人质"……几乎被陷进可怕的、可耻的、黑色的……无底深渊中!

可以这样说,在客观上她的一生是被她所卑视、所憎恶……的社会制度,所卑视、所憎恶的"人"……而毁灭了!

不知道萧军所要求的"妻性"为何?显然,不是这些不顾琐烦的嘘寒问暖。

来东京一个多月后,因黄源的父亲病重,许粤华不得已必须回国。少了这唯一的熟人,萧红倍感恐慌。而异国的水土,又总让她病着。

幸好,已经重新开始了写作,笔底的抒发,替她抵御着寂寥。进度好的一天,竟然可以写出10页纸。

写满了51页稿纸时,稿件完结,萧红的心情开始愉快起来。毕竟,仅仅一个半月,她写出了3万字,多少有些沾沾自喜。这就是10月15日开始连载于上海《作家》的《家族以外的人》。

在萧军看来,萧红真的"是以自己的生命来对待自己的工作的,这也就是很快地熄灭了她的生命之火的重要原因之一"。

那个"家族之外的人",是有二伯,依旧取材于她在呼兰河畔的童年。而此时,有二伯的孤独,实在是萧红的孤独。

第七章　去国

二

　　东亚学校是一所针对中国人的日语补习学校,《家族以外的人》写作完成后,萧红就来到这所学校补习日语,这也是她来日本的初衷之一。

　　学校距离住处只有一公里左右,萧红步行往返。

　　然而,独来独往的她,依然惹上了麻烦。

　　早在这一年的2月26日,二十几名士官带领1400名陆军士兵起义,杀害天皇重臣,自称"昭和维新",三天之后,叛乱被镇压。萧红来东京时,"二二六事变"的余波未了,当局对于左派作家的监视和取缔,依然是严酷的。

　　正因如此,萧红被便衣盯上了,好在她生活简单,当局最终放弃了跟踪,但这使萧红的心烦乱了很久。

　　10月13日,萧红致信萧军,提到了鲁迅先生。三个月,二萧如同约定的那样,未给鲁迅先生去过一信。在青岛的萧军,还可以通过黄源等人了解鲁迅先生的近况,而身在异国的萧红,则没有这样的便利。

　　那天,她在电影里看到了北四川路和施高塔路,"我想到病老而且又在奔波里的人了"。

　　而之前的10月5日,鲁迅在给茅盾的信中提到——

> 萧红一去以后，并未给我一信，通知地址；近闻已将回沪，然亦不知其详……

他们一直都在彼此牵挂。

除了想到鲁迅先生的忐忑，一切都好了起来。萧红开始有兴趣装点自己与那简单的居屋。她在房间挂起一张小画片，站远了，顾自欣赏起来。这些身外的物件，总需要舒展了心绪，才有热情去做。她还买了毛线的套装与草褥，并把这融入凡俗的快乐，在信件中，一一说与萧军。

好起来的不单单是她的心情。

这期间，萧红的散文集《商市街》作为巴金主编的《文学丛刊》第二卷第十二册，由文化生活出版社在上海出版，署名悄吟。因为广受读者欢迎，《商市街》8月出版，9月再版。

然而，就在她看到电影里的北四川路及施高塔路的半月之后，鲁迅病逝于上海大陆新村9号寓所。

那一天，是1936年10月19日。凌晨。

萧红并未第一时间得知鲁迅去世的消息，虽然日文报纸的报道已经铺天盖地，但是她此时的日文水平毕竟有限，况且她与周遭也无甚交流。

不过，总有几个字是能看懂的——"伢"——"逝世"，它们夹杂在日文之中，让人很是惶恐。

鲁迅去世的第三天早晨，萧红在她时常用餐的小餐馆里又看到了报纸上的那些字眼，她终究乱了方寸。饭未能吃完，她便匆匆出来，回到家，仍是坐卧不宁。她赶紧搭乘电车前往市郊一个叫东中野的地

第七章　去国

方，车上人不多，但她只能站着。内心的焦灼感，让她不能寻一处座椅，安静地坐下。

那曾与许粤华同住的熟人给了她暂时的安慰。

她说："偲"，字典上是"印象"的意思，一定是友人到上海访问了鲁迅回来写的文章；至于"逝世"，或是鲁迅谈到了别人的逝世；而"坐在摇椅上"，则是谈论过去的事情，自然不必惊慌，坐在摇椅上又有什么稀奇。

然而，鲁迅的去世，终究是一个不能掩盖的现实。

随后，萧红就看到一张中文报纸，除了那些猛掷人心的文字，还有照片，那是鲁迅先生的遗容。

10月24日，萧红致信萧军——

现在他已经是离开我们五天了，不知现在他睡到哪里去了？虽然在三个月前向他告别的时候，他是坐在藤椅上。而且说："没到码头，就有验病的上来，不要怕，中国人就专门吓唬中国人，茶房就会说：验病的来啦，来啦……"

同为女性，萧红更是想到了许广平作为生者的悲伤。她让萧军告诉许女士：看在孩子的面上，不要太多哭。

她说，等着他的信来，还叮嘱，最后替她送一个花圈或是什么。

萧军是见过鲁迅最后一面的。

与萧红在上海分别后，萧军在青岛住了大约两个月，后到山东南部旅行，又取道天津，回到上海，已是10月13日。

回来的第三天，萧军去鲁迅的寓所探望了先生，只是，"决没想到他三天以后就抛开我们而去"!

鲁迅逝世后,萧军忙于丧事。夜间守灵,白日迎接吊唁者,已没了写信的时间和心情,同时,他"也没有勇气把这消息直接告诉她——萧红"!

收到萧红的来信时,鲁迅已经落葬。可萧军,直到后来也不能忘记萧红那天真、孩子气般的问话,那"犹如一个天真无知的孩子死了妈妈,她还以为妈妈会再回来"。

而在接到萧红的来信之前,萧军已替萧红送过花圈,对先生的情浓,二人是相互知道的。

三

鲁迅逝世后,萧红许久走不出。

数年漂泊,也是生死线上挣扎过的,萧红对于生与死,自然能看得透彻。然而,她仍无法平复那爽朗的音容已从这个世界永逝的事实。

初来上海的时日,总涌上心头。那个清冷的亭子间内,二萧读鲁迅的信,"只有他,安慰着两个漂泊的灵魂!"其实,除了这种安慰,鲁迅甚至是二萧相爱的象征。那个时候,生计窘迫,却有着纯然的快

第七章 去国

乐——时常，仅仅因为先生的一封信，他们在寂静的街道上，追逐着，喧闹着。

这一切，永逝不归。

如同她在鲁迅病逝后，第一次向萧军说了她对许广平的记挂一样，此后，在东京的日子里，萧红一直挂念着鲁迅的身后人。

原本要写给许广平的信，她迟疑着，不敢动笔。唯恐一腔的劝慰，反倒引起许广平的悲哀。而年幼的海婴，"想爸爸不想"？

至于鲁迅的画片，她是看也不想看的，因为触目之处，又是浓得化不开的悲伤。也正因如此，她拒绝了杂志关于回忆先生的约稿——本来是活人，强要说他死了！一这么想就非常难过。

在萧军的眼中，鲁迅如同一个母亲，青年们几乎都在吸吮他的"乳汁"，进而得以在文坛成长壮大。但在萧红这里，鲁迅却不是母亲的感觉，大约，她自己的那位母亲从未施予她无限温情，而多将冷漠投掷于她。故而对萧红来说，"母亲"着实不是一个温暖的词汇。

见到鲁迅之前，她猜想先生定是一位严苛之人，但见到面后，便觉得先生是很容易接近的。为了得到答案，萧红曾经直接问鲁迅："您对青年们的感情，是父性的呢？还是母性的？"

鲁迅先生靠在藤椅上，手指夹着纸烟，吸了一口，沉吟了一下，慢慢地说："我想，我对青年的态度，是'母性'的吧！"

1937年，萧红再赴北京之时，曾与李洁吾谈到了父亲。李洁吾说："鲁迅先生待你们，真像慈父一般哪！"

萧红则回话："不对！应当说像祖父一样。没有那么好的父亲！"

旅日期间，她的文学创作也在鲁迅去世之后，几近阻滞。

前期，萧红写下的《孤独的生活》《家族以外的人》《牛车上》

《红的果园》《王四的故事》，集结为《牛车上》，作为巴金主编的《文学丛刊》第五集第五册，于1937年由文化生活出版社出版。

之后，萧红写下了组诗《沙粒》，以及自传性散文《永久的憧憬和追求》。

她将《沙粒》寄予黄源，但致信告知萧军——

> 我不寄给你，打算寄给黄源，因为你一看，就非成了"寂寂寞寞"不可，生人看看，或者有点新的趣味。

虽有几分玩笑的意味，但仍可见萧红清楚地意识到，萧军在文学的创作与评判标准上，已与自己泾渭分明。

而这一组诗也并非仅是"寂寂寞寞"，她"偶然开一扇窗子，看到了檐头的圆月"。熬过异乡的悲戚，萧红慢慢踱出自己狭小的天地。诗中，也可以品出隽永的哲思。

然而这些，萧军无法读出。反倒是萧红在《作家》杂志读到了萧军的《第三代》后，写信给萧军，称赞他写得不错。同时，萧红也读到了他的短篇小说《为了爱的缘故》。

《为了爱的缘故》取材于二萧在哈尔滨的一段生活。

一个受过正式军事训练的知识青年，憧憬到东北磐石一带参加革命，却在哈尔滨不幸遇到一位等待他拯救的有才华的女子。青年最终为了女子而放弃了自己那为大众斗争的理想。

虽是小说，但可以看出，其中"我"和"芹"对应的原型是萧军和萧红。萧军将自己不能追寻理想的原因，归结于一个女子的牵绊，萧红看后，自然是不舒服的。客观而言，萧军未能去得磐石，是受制

第七章　去国

于多方面的因素，当然，拯救萧红是原因之一，然而，将其作为唯一的原因，显然不合理。

到此时，萧红才更为深刻地看到，在二人的关系中，萧军一直处于居高临下的境地。在萧军的眼中，正因萧红的拖累，才让他未能过上自己想要的生活。

萧军笔下的"芹"，是萧红不认可的自我。在11月6日的信尾，萧红告知萧军：

> 从此我可就不愿再那样妨害你了。你有你的自由了。

在三十六首《沙粒》之后，萧红还写出了她一生中最为重要的散文之一——《永久的憧憬和追求》。

在家乡与至亲的失离抛弃中，萧红依旧记得祖父的那句——快快长大吧！长大就好了。

如今，长大了，却未曾有多好。然而从祖父那里，萧红得到了一生的力量，"知道了人生除掉了冰冷和憎恶而外，还有温暖和爱"。

不长的一生，为了这"温暖"和"爱"，她用尽全力。

只是，那追寻的过程，过于艰难，也过早地耗尽了她。

四

1937年的元旦很快就来了。

日本人的枪炮已经蓄势待发,对准了整个中国的土地。只是,对于身处夹缝的萧红而言,一切,尚是平静的。

新年平平淡淡,无甚好说。新年刚过,萧红致信萧军,只道邻居家着了一场火,她并没有因此被惊吓,只是要暂时落脚于一位沈女士家。

这样的一封信,任凭谁读罢,都只以为她生活平静,而这平静的生活将继续下去。

然而,五天之后,萧红已踏上归国的旅途。

1937年1月9日,萧红从东京转道横滨,搭乘日本邮轮"秩父丸"号回国,1月13日,登陆上海汇山码头。

近半年的东京孤旅,就此结束。

抵达上海后,萧红仍然与萧军同住。吕班路(今重庆南路)256弄属于法租界,这是一家俄国人经营的家庭公寓,旅客多是白俄人,亦有不少东北流亡作家集居于此。

转眼到了3月,天气时有阴冷,但不比东北,上海的春天已是芳草萋萋。该去看看鲁迅先生了,虽然,她一直在逃避着这一天。

第七章 去国

拜墓诗
——为鲁迅先生

跟着别人的脚印,
我走进了墓地。
又跟着别人的脚印,
来到了你的墓边。
那天是个半阴的天气,
你死后我第一次来拜访你。

我就在墓边竖了一株小小的花草,
但并不是用以招吊你的亡灵,
只是说一声:"久违。"
我们踏着墓畔的小草,
听着附近石匠钻着墓石,
或是碑文的声音。
那一刻,
胸中的肺叶跳跃起来,
我哭着你,
不是哭你,
而是哭着正义。

你的死,
总觉得是带走了正义,

虽然正义并不能被带去。
我们走出墓门，
那送着我们的仍是铁钻去打着石头的声音，
我不敢去问那石匠，
将来他为你将刻成怎样的碑文？

这首《拜墓诗》写于3月8日，那天，同去的有萧军，还有许广平和海婴。萧红自然不必在写给鲁迅的诗中称呼许广平为"别人"，那么，这个"别人"，只能是萧军。

早在打算寄给黄源的《沙粒》组诗中，萧红就已言明——理想的白马骑不得，梦中的爱人爱不得。

不同于在哈尔滨时的飞蛾投火，对于萧军的感情，萧红大约已经理智了许多。3月15日，《沙粒》发表于靳以主编的《文丛》创刊号，二萧之间的感情纠葛，就此公诸于世。不同于《苦杯》的怨艾，萧红开始直面她的创伤。

避走东京半年的萧红，回到上海后，与萧军的关系并无多大改善。

那个叫陈涓的女子在介入他们二人之后，选择了主动逃离。而萧军，总在不同的女子间游转。这时，他与许粤华的"恋爱绯闻"已成了圈子里公开的秘密。

这段情事，从何而起？

萧红在毫无征兆的情况下回国，在很多人的猜测中，原因是听萧军亲自说了这段情事。

1936年12月中旬，萧军再次催促萧红回国，这催促中，甚至有着他向来的强横。萧军认为，萧红不必"逞强"待在东京，尽快回来为是。

第七章　去国

当然，还有一个原因是，张秀珂来信说将到上海。

最初，萧军的强横并未奏效。萧红复信，告知萧军，对于回国一事并非逞强也无迟疑。那些中途的怨艾，不过是说来听听的，倒是被特务监视之时，萌生过回国的意图，只是，这已经是过去。

东京的寂寥，曾让萧红思乡难挨，然而，当心境慢慢沉静，她则一定要待下去了。毕竟，她已安于创作，来之前所有的打算，都已按部就班。

1978年，晚年的萧军对此仅有点滴的透露："那是她在日本期间，由于某种偶然的际遇，我曾经和某君有过一段短时期感情上的纠葛——所谓'恋爱'……"不过，他仍然以为，除此以外，他对于萧红再无其他遗憾——"对于她凡属我能尽心尽力的全尽过所有的心和力了！"

一个从内心自感优越的男子，大约对自己施予女人的伤害，从无源自内心的悔。

而据说，这"偶然的际遇"恰是鲁迅先生的逝世——先生逝世后，萧军、黄源和许粤华一时间都忙于治丧，接触频繁，时日稍长，萧军与密友的妻子发生了难以言说的恋情。

萧红、许粤华、萧军、黄源，四人是相熟的朋友，这种感情的发生虽然不可阻挡，然而，对于四人中任何一个来说，都是痛苦的。即使爱得深切，他们也知道迅速结束的必要。

萧军除了坦言自己"和某君有过一段短时期感情上的纠葛"，也试图借助外力来结束这段无果的爱情："为了要结束这种'无结果的恋爱'，我们彼此同意促使萧红由日本马上回来。"

只是，萧军将这种结束的外力交由萧红，着实是残酷了些。

我贪恋这泥淖里的温暖：萧红传

萧军的期期艾艾，任凭萧红是如何敏感的女子，最初想必仍是不能感知。她一如既往，在琐事上叮嘱着海那边的萧军，而严重的头痛无时无刻不在折磨着她。照旧，她提醒着萧军——不要在夜里吃东西；不要空腹喝酒；买一些棉花请友人将棉被加厚，如果手头宽裕就干脆到外国店铺买一床被子，以免劳烦别人……

萧红明知萧军不会将这些叮咛放在心上，依旧不厌其烦。

然而，她终究还是改变主意，提前回国。

是不是在萧军最后的信件中，直接提及了自己与许粤华的恋情？萧红久劝不归，对于萧军而说，这也未必不是他能做得出的事情。崇尚暴力的萧军，在所有的处世方式上，都彰显着他的直接，事已至此，他无法再在萧红近乎唠叨的絮烦中去掩饰自己。

东京之行，原本就是要在彼此相望中，忘却旧日情殇，开始全新的生活。然而，萧红未曾料及，不过半年，迎来的竟是全新的伤害。

如果真是从萧军处听闻这样的消息，萧红走的该是怎样的归途？爱人能与旧日的少女重燃恋情，暗恋优雅的沙龙女主人，这一切，原本都不足为奇；只是，他新的爱人，竟是自己的密友，又是另一个密友的妻。

在骆宾基著述的《萧红小传》里，有如下记载：

那一次，萧红一个人走到她的友人H家宅里去。那友人是一个有名杂志的编辑。一上楼，萧红就欣喜着，在H的寝室里，有萧军和H以及H夫人的谈话声。但萧红一出现这谈话就突然停止了。萧红当时并不惊疑，这在妇女的生活上已经习惯了的。她向H夫人说："这时候到公园去走走多好呀！"仿佛是H夫人躺在床上，而且窗子是开

第七章 去国

着。她说："你这样不冷么！"要把大衣给她披上，就在这时候，H说话了："请你不要管。"

萧红立刻从三个人的沉默而僵持的脸色上发觉存在这之间的不愉快是什么了。萧红悻悻地走出来。她当时想，这和我有什么关系呢？

《萧红小传》后文亦提及，萧军"确实是向H夫人'进攻'过"。如此，所指就更其明显。

萧红在世的最后四十四天，是骆宾基在身边相伴，他是她人生的最后一个倾诉者。那弥留的时光里，或许，她愿意舒展开最后的心结。

萧军与许粤华的恋情，大概正是萧红提前回国的原因。在几乎密不透风的异国，或许她还是以自己的敏锐意识到了这一点。

然而，他们都需要掩饰，萧红自然不能如过街的泼妇，狮子口大开便了却了夺夫之恨，他们势必要顾及自己的脸面。另外，鲁迅刚刚去世，如果这一桩情事张扬开来，无论对左翼文学圈子，还是对刚辞世的鲁迅，都将带来不好的影响。

彼时的上海，婚丧嫁娶、夫妻恩断都会登上报章，更有各种小报专事猎奇名人八卦谈资，有着超乎想象的开放，甚至是无聊。

萧红从东京归来那晚，是"姓黄的胖朋友"为她接风洗尘。自然，这位黄姓胖朋友就是黄源。他们必须刻意保持平静，如同纸里包着火。

侨居东京，原是去疗一段旧伤，可归来之后，那伤口又添新的划痕。

五

处于这种尴尬而微妙的关系中的萧红,显然是无法淡定的。二萧时常争吵,还偶尔发展为暴力行为。

关于这段感情,大概无人敢于坐下来细说,正因如此,在回避中的必然面对,会让生活中所有的细节都成为争吵的契机。

当然,萧红初返,他们也有一二日的甜蜜。然而,这样的甜蜜多少有点刻意为之。

作为公众人物,在一些公开场合,二萧还是尽量保持着亲密和谐,所谓的貌合神离。但是,在文艺观念或对某些作品的评价上,萧红不再附和萧军,观点相左时常常针锋相对,私下里已近乎陌路。

不久,朋友们都知道二萧感情不太融洽,在朋友眼里,"萧红个性极强,和萧军针锋相对,搞不到一块儿"。这时,他们也会在马路上同行,不过都是一前一后地走着,萧军在前大踏步地走,萧红后边跟着,并排走已然成了陈年旧事。

萧红要面对自己与这个男人之间疏离了却还残存的爱,而周围的世界又向她施予各种敌意。那么,心该于何处安放,偌大的上海,繁华拥堵,又四处空荡。

就是这个春天,一位日本进步作家来上海游历,很想见见许广平及周围朋友。那一天,在一间小咖啡室里,萧红的左眼青紫。当时,

第七章 去国

除二萧外,还有胡风、靳以等人在场,在众人的询问之中,萧红极力掩饰。然而,萧军却故意说出——那是萧红遭其酒后殴打的结果。

这段往事,存于梅志的回忆中。而晚年的萧军曾有意为此澄清:

一次在梦中不知和什么人争斗了,竟打出了一拳。想不到这一拳竟打在了她的脸上,第二天她就成了'乌眼青';于是人们就造谣说我殴打她了,这就是'证据'!

如此的信誓旦旦,别人又能做出怎样的评说?

然而,打与没打,在众多的见证之中,总容不得太多狡辩。几乎同样的情形,靳以也曾说过——从前那个叫做 S 的人,是不断地给她身体上的折磨,像那些没有知识的人一样,要捶打妻子的。

之所以这样说,是因为那一次他与友人同时看到萧红眼睛的青肿,还有萧红的掩饰:"我自己不加小心,昨天跌伤了!"

"什么跌伤的,别不要脸了!"这时坐在她一旁的萧军就得意地说,"我昨天喝了酒,借点酒气我就打她一拳,就把她的眼睛打青了!"说完这话,萧军又挥着他那紧握的拳头做势。众人无言,在靳以看来,那是萧军的冲动,又是一众男子的耻辱。

这一年,萧红的弟弟张秀珂也来到了上海,他甚至以为姐姐过于敏感多疑。1937 年 1 月 2 日,萧红由东京返回上海之时,同时接到了萧军和弟弟秀珂从上海发来的信。弟弟告诉她已经到了上海,并在萧军的帮助下顺利安顿了下来。张秀珂信中,满是对萧军的好感。萧红也在给萧军的回信中,把张秀珂的好感一一说与他听。

因而,在张秀珂看来,萧红定是多了些无理取闹的娇气。然而,男女相处的乐与悲,又哪是他人能参得透的?

直至十年后,张秀珂才慢慢得知,"他们那时闹意见,并不是完全怨萧红的。"(张秀珂《回忆我的姐姐》)

只是,这份理解,来得太晚了。

鲁迅的寓所萧红还是常去的,她需掩饰着更深的哀伤,这种掩饰到了近乎自虐的境地。在大陆新村,萧红时常与梅志相遇。在梅志眼中,萧红"恢复了过去的样儿,穿着简单朴素,头发也是平顺的短发"。梅志甚至觉得,萧红的心情非常好,比刚到上海时还要好。

虽说鲁迅离开了,但上海文坛对于鲁迅亲手栽培起来的二萧,依旧敞开了大门。二萧接手很多刊物的约稿,有些刊物还拉二萧做台柱,他们因此多了新的朋友。如此看来,萧红的心情大好,更多的是在公开场合的强颜欢笑罢了。

其实,对于萧红而言,此时的上海不单单是没有鲁迅的上海,而且是仅属于萧军的上海,在越来越多的热闹之中,她深感自己作为一个男人的附庸的尴尬。即使在旧日的朋友圈里,人们在热情招呼之后,也是对她的窃窃私语——试想,一个正在疗伤的女人,一回头,发现那伤己的男人又有了新欢,自己怎么想,别人又怎么看?

而那"新的情人",还是她在日本时的密友。

后来,萧军与许粤华的恋情在主观意志规约下人为地终结,萧军亦坦言:"这种'结束'也并不能说彼此没有痛苦的"!

萧军自然痛苦,据梅志在后来的访问中透露:"许粤华却已珠胎暗结,做了人工流产手术,萧军又忙着照顾她,根本无暇顾及萧红。"

此后,许粤华也与黄源分手。原本,黄源与许粤华初识之时,也是爱得炽烈。虽晚年的黄源并未透露他们最终分手的原因,但是,萧

第七章 去国

军插足总是芥蒂。

回避的结果,不过如此。

在胡风眼中,二萧在上海文坛崛起之后,"卖稿不成问题,还有人拉拢捧场。这时生活好了,不用发愁了,同时也滋生了高傲的情绪。尤其是在他们夫妇之间……反而没有患难与共时那么融洽那么相爱了"。

二萧仍为文学上的二萧,然而,因由萧军绯闻而起的情感罅隙,又因创作上的分头而行,二萧之间,已是鸿沟难越。

萧红初回上海,这段感情涉及的每一个人,都试图回避触碰那道共同的伤疤;然而,尴尬和不快就在那里,笼罩在他们的举手投足间。

时光总有方式来诉说它所知道的一切,时日渐长,从生活的细节之处,萧红慢慢还原出这段情事的全部。然而,自己的爱人、朋友的妻子,这样纠葛的关系,让她无处可诉,在众生喧哗之处,她只得小心翼翼地收藏起内心的伤疼,维持着自己敏感的自尊。

蛰居东京近半年,萧红在孤寂中逐渐走向成熟与独立。她要挣脱的,是作为女子无力推卸的弱,正是这女子的弱,让她时常陷于感情的虚无与灰颓。

所以,她必须酝酿挣脱的方式。

第八章 败途

第八章　败途

一

萧红能做的,唯有再次逃避。

上海已是没了鲁迅的上海,难得可以倾吐心思的许广平,此时,尚未从鲁迅逝世的悲伤中走出。而貌似越发宽泛的朋友圈子,也完全是以萧军为中心。

蛰居东京半年,对于上海,萧红已然是熟悉的陌生人。

对许粤华,萧军也是真的爱的,如同当年对萧红一样。这爱,可以从萧军的文字里找到一些痕迹。

1948年7月24日,中年的萧军在为鲁迅写给自己和萧红的一批书信作注释时,发现鲁迅一封来信中提及俄国作家波里包衣(Novikov-Priboi),许粤华翻译过他的《小鸡》等作品。萧军写道:"据说波里包衣已故去,这位伟大的海洋小说家的作品我是喜爱的,更是他有几个短篇——其间有《小鸡》和《歌者》——曾被译出发表于《译文》上……而《小鸡》译者雨田先生(许粤华)是否尚在人间或流浪何方?……也是我深深系念着的。"

然而,对于萧红而言,萧军这份对他者的用情之深,也只能是她的伤痛和尴尬。

既然已在《沙粒》中表明了心迹,萧红真的有远离萧军的想法。

学画是萧红许久以来的愿望。一天,萧红在报纸上看到一则犹太寄宿画院的招生广告，而这个晚间，萧军在饭桌上大肆谈论着对萧红作品的鄙薄。操持完夜饭的萧红正躺在床上，耳边是男人们的喧闹，她悲哀于自己每天操劳，换来的却是萧军等人的鄙薄。

从《萧红小传》的记载中，大抵可以还原萧红出走的情形。

遗憾的，这是一次不成功的出走。

三天后，萧红就被萧军的朋友如同"俘虏"般带了回来。而前一刻，画院主持者十分诧异地对她说："你原来有丈夫呀！那么你丈夫不允许，我们是不收的。"

在一个城市的隐居，显然是徒劳的。

而且，萧红的离家出走，非但没能博得友人的支持，反倒成为她孤傲与不合群的明证。

萧红想暂时逃离上海这个以萧军为交往核心的朋友圈，而在去向的选择上，她想到当年在北平念书时经常往来的一些哈尔滨籍朋友，那才是真正基于自己的交往而建立起的纯真友谊。

萧红考虑再三，决定到北平小住一段时间。

1937年4月23日，萧军和张秀珂把萧红送至北去的列车。

那一夜，萧军在日记上记录了自己的心情——她走了！送她回来，我看着那空旷的床，我要哭，但是没有泪，我知道，世界上只有她才是真正爱我的人，但是她走了！

想必，萧军是深知萧红对他用情之深的，环视身边的女子，如萧红般，又有哪个？他们虽生了罅隙，但那些前尘往事，也一并涌来。

他或许知道，自己是负了她的。只有如此，才有睹物思人的忧伤。

第八章 败途

二

兵荒马乱之年，路途与心绪，一并烦乱。

到第三日，车才驶过黄河桥。时值"西安事变"后不久，一路上，尽是被砍折的秃树以及往来的军队。

萧红对窗外的一切都了无兴趣，不是因为颓败，而是因为心里堆满的厌烦。在给萧军的信中，她说，只觉得厌烦，厌烦。

目光所及的北方大地，多是萧索，晴好的阳光下，她只见乌鸦翻飞，黑牛与白马在光秃秃的地上拉着犁铧。

在中央饭店住下后，她立刻去寻找她的故交。

只是，那位原本在太平桥的周姓故友，无论如何都找不到。她从宣内到宣外，又折了回来，只寻见一家粮米铺子。手中的白纸黑字，竟然如此言而无信了。

无奈，萧红重游了自己在北平的旧居，只是，那里也改为一家公寓。

而另一位姓胡的旧同学，据说，已经出嫁了。

北平的尘土几乎是把我的眼睛迷住，使我真是恼丧，那种破落的滋味立刻浮上头。

物不是，人非昨。

随后，萧红想起了自己的一位同乡李镜之，决定到他曾经做事的学校去碰碰运气。

对于李镜之而言，七年如同一日。他仍在那所学校做事，家也安在学校旁，还有了一大群儿女。

经由李镜之，萧红又找到了好友李洁吾，洁吾已经结婚，并有了一个女儿。

那天，李洁吾在院中抱着女儿玩耍，妻子则在厨房里忙碌，忽听一阵啪啪的敲门声，李洁吾开门一看，面前站着一位青年妇女，穿着一件黑色大衣。没待他辨认出是谁，萧红就紧紧握住他的手，寒暄之后，他们牵着手进院，到屋里，萧红放下大衣，便向李洁吾作了一个拥抱。

从萧红进院，一举一动，李洁吾的妻子在厨房中看得清楚，也因此产生了误会。

当李洁吾向她们彼此介绍时，妻子的态度很冷淡，望向萧红的眼神中，都是怀疑。萧红走后，李洁吾果然受到妻子的诘责。"她问我们是如何认识的？为什么从来没向她讲过？……无论我怎样说明，她似乎也不相信！"

李洁吾的婚姻，其实有着对母亲"尽孝"的缘故。他的妻子是由母亲在家乡相中，带到北平来的。父亲早逝，李洁吾作为长子，不忍违逆母亲，便同意结婚成家。于是，这一桩婚姻中，自然从母亲抵京的那一刻，就处处暗礁。

在北平，便宜且宜居的公寓并不好找，李洁吾家正好有空屋，萧红就在此暂借住几天。

然而，李洁吾妻子对萧红的疑虑仍在。第三天清早，妻子说要到朋友家去，把孩子丢下就走了……前一夜，他们必定有一番激烈的对

第八章 败途

峙,虽无声息,但妻子的甩手而去,让人可以想见那一刻的情形。

因李洁吾还要到学校去教课,只好托付萧红在院子里帮他们照顾女儿。

院心的梨树正吐着白花,可这个貌似安宁平和的家庭,其实有它的暗潮汹涌。前两日的闲聊间,萧红已经知道了洁吾夫妇各有各的痛苦。

见到李洁吾时,萧红脸上的乌青还未散尽,洁吾问起,萧红便说,萧军夜里乱梦与人打架,一次竟一拳打到她的脸上,以致很长时间脸都是青的。

乌青是切切实实的存在,而理由,多少有点牵强。

我真奇怪,谁家都是这样,这真是发疯的社会。可笑的是我竟成了老大哥一样给他们说着道理。

本为疗伤取道北平的萧红,未曾想到,旧友的婚姻,一样伤痕累累。看来,真是所有的爱情终归于失败,难成眷属的无奈与终成眷属的倦怠,不过是殊途同归。

她几近无法面对这个家庭的沉默,那种沉默铺天盖地,让她的寂寥更为凸显,且再无消解的可能。

无论走到哪里,对于萧红而言,多是触景生情的怨艾。逃避,无法将她的痛楚从根拔起。

只有工作,工作才是一味疗伤的良药。

在北平的前几天,萧红给萧军的信尚能够平静诉说:几天之后,她已无从忍受——恢复了夜里害怕的毛病,又时常生起死的念头。

这回的心情还不比去日本的心情，什么能救了我呀！上帝！什么能救了我呀！我一定要用那只曾经把我建设起来的手把自己来打碎吗？

这如同一句预言，萧红用独有的敏锐构建了自己的文学王国，而后，又用同样的"手"将自身陷于夭天的绝境。

这，乃是后话。

本想用工作驱走生活的空寂，可是，不同于东京之旅，身在北平的萧红根本无法静下心来，除了那几份带着焦灼的信件，萧红在北平没有留下什么有价值的文字。

北平之旅，萧红说——我想我这是走的败路，但我不愿意多说。

正是因为不愿意多说，萧红的信，通常是写好了却并未寄出。

5月9号：

我今天接到你的信就跑回来写信的，但没有寄，心情不好，我想你读了也不好，因为我是哭着写的，接你的两封信，哭了两回。

……

6号那天也是写了一信，也是没有寄。

5月11日：

今晨写了一信，又未寄。

那些寄出的信，都是"服毒的人生"；未寄出的，简直无法想象

第八章 败途

其中的内容该是多么不忍卒读。

人的痛苦,实为你不能做到大恶,又不是一百分的善。将善恶推及爱恨与其他,都是一样的道理。

萧红与萧军,都是如此。

在萧红未能尽诉的爱的痛苦之外,萧军的回信中,亦是同样的不能解脱。

前信我曾说过,你是这世界上真正认识我和真正爱着我的人!也正为了这样,也是我自己痛苦的源泉。也是你痛苦的源泉。可是我们不能够允许痛苦永久啮咬着我们,所以要寻求,实验……各种解决的法子。就在这寻求和解决的途程中那是需要高度的忍耐,才能够获得一个补救的结果。否则,那一切全得破灭!你也许会说破灭倒比忍受强些,不过我不是这样想的,凡事总应该寻求一个解决的办法,这才是人的责任,所谓理性的动物。否则闭起眼睛想要不看一切,逃避一切……结果是被一切所征服,而是把自己毁灭了。凡事不能用诗人的浪漫的感情来蠢立,这是一种低能的、软弱的表现!自尊心强烈的人是不这样的。

其实,在萧军一次又一次的情感出轨中,萧红一直是一个无辜者。而萧军的规劝并无歉意,他只是试图用理性去说服萧红,字里行间虽不乏真诚,但将一己并不理性的行为要求另外一个人去理性看待,并寻求解决的方式,着实有些可笑。

5月15日,萧红写道——

> 你来的信也都接到的,最后这回规劝的信也接到的。
> 我很赞成,你说的是道理,我应该去照做。

这道理,指的该是萧军所言的——"不能够允许痛苦永久啮咬着我们,所以要寻求,实验……各种解决的法子。"

然而,晚年的萧军在对这些信件的解读中说,这"照做"实为萧红的讥讽。

三

在北平自我流放,萧红终究意难平。

"我一定应该工作的,工作起来,就一切充实了。"虽说,去北平暂住,还有一个访故友的由头,但她的逃避不仅仅为了逃避那个负心的人,而且是想找个安静所在,理清心绪,投入写作之中去。

在东京的半年,萧红尚能走出哀伤,投入工作;但是,北平故地给予的哀伤,时不时浮泛上来,以萧红的敏感,果真是要走上毁灭的畏途。

第八章　败途

昨晚吟有信来，语多哀怨，我即刻去信，要她回来。

这是萧军在5月13日的日记中写及的一句。萧红，不知是听了萧军的规劝，还是另有原因，5月22日她自北平返沪。

事实上，她在北平待的时间，不过一个月。

临行那天，因提箱太满，萧红只好取出自己穿的一件薄蓝呢大衣、一个油画架子和一个长方形嵌装着西洋画的小镜框，留下来。

在她与萧军的约定中，二人将于这年的秋天重返北平，那么，在她给李洁吾的嘱托当中，定是等她秋后回来，再取回这些物品。

李洁吾本想再挽留她几日，但萧红说，萧军信中称身体不好，实在不能多留。于是，李洁吾一家与萧红在"东安市场"附近一家贵州馆子里，吃了一顿告别饭后，便送她上了南下的车。

"我一直等候着他们，并希望能见一见我所敬佩的萧军，我是他的读者。可是，他们没有来。"在李洁吾的回忆中，二萧并未像说好的那样，在北平清明的秋日，如约而至。

在北平，萧红见到了诸多老友。除了李镜之、李洁吾，萧红还与出狱后的老朋友舒群异地重逢。

1934年的中秋节，正是二萧离开青岛的前夕，舒群被捕，在牢狱中，他一直只字未吐。第二年春天，当局不得不将他释放。

萧红在北平时，舒群寻到李家找到了她，他们一起逛北海公园，听京戏，看好莱坞电影。北平再遇舒群，一定程度上抚平了萧红内心的苦痛。二人还一起去看了长城，群峦之上，城垛肃穆，风声如涛，让萧红颇为震撼。

返回上海之前，萧红写信向萧军说了自己登长城的感受，那些山比海更为磅礴地震惊到她的灵魂。风悲日曛，群山纠纷。小我的悲欢，在河山面前，霎时没有分量。

萧红一生所遇的男子，给予她数不尽的情殇，但仍有人给予无限的爱惜。舒群当是其中之一。

东兴顺出手相助时，舒群也是陌生于萧红的男子，但是他们的友谊由此保持了一生。资助《跋涉》出版，青岛接应，北平陪伴……后来，萧红病逝后，在延安筹办纪念活动，舒群一直是那个最为积极主动的人之一。

在北平分手时，萧红把《生死场》的手稿赠予舒群，那上面有鲁迅先生批改的笔迹，是萧红最珍贵的财产。

遗憾的是，这份手稿在离乱中遗失了。舒群晚年因此倍感惋惜：

我看过萧红那份原稿后，十分真切地感受到鲁迅对青年的爱护。那情谊太深厚，那份耐心也是少见的。《生死场》几乎每页都有鲁迅亲笔修改，蝇头小楷，用朱砂圈点，空当处写不下时，就划一道引到额上去添加，就是那一道，都划得笔直，字迹更是工整有体。当时我想，就凭鲁迅为青年改稿的细致耐心，他就是不朽的。

萧红本是奔着北平的友人而去，而友人也确是她在这一个月之间，唯一的温暖。

第九章 冷战

第九章 冷战

一

吟回来了，我们将要开始了一个新生活。

5月22日，萧红回来的当天，萧军在当晚的日记中，写下了这样的一句。

萧红回到上海，绝非萧军的规劝起了作用，而是他用了小小的"手段"。

原本，在萧红出发之时，萧军与她约定，忙完手头的事情，将会追随她而去，但他未能兑现诺言。反而在12日的去信中，萧军要求萧红"见信后，束装来沪"，原因是他"近几夜睡眠又不甚好，恐又要旧病复发"，并说"本欲拍电给你，怕你吃惊，故仍写信"。而在6日信中，他还叮嘱萧红在北平租房"如果房子比较好，可和他们订合同租一年或半年……冬天我们是准备在北平度的"。

在萧红的面前，萧军总是骄傲地行使着他作为一个男人的强势，似乎她只是他的附庸。然而，自东京归来，以至此时的北平之行，萧红慢慢强大起来。虽然她不停怨艾，但信中的言语又毫不畏惧地刺激着萧军。

我的长篇并没有计画（划），但此时我并不过于自责"为了恋爱，而忘掉了人民,女人的性格啊!自私啊"!从前,我也这样想,可是现在我不了,因为看见男子为了并不值得爱的女子,不但忘了人民,而且忘了性命。何况我还没有忘了性命,这就是忘了性命也值得呀!在人生的路上,总算有一个时期在我脚迹旁边,也有他的脚迹。总算两个灵魂和两个琴弦似的互相调谐过(这一句似乎有点特别高攀,故涂去)。

萧军自然不能容忍,即使不那么爱了,他也爱着女人被他呼来唤去的感觉,他甚至如同文学长者一般,去关心着萧红的长篇计划,而对于其伤弱的内心,他只如过客。

萧红终是回来了,怕着他旧病复发,即使那仅仅是一个蹩脚的伎俩。

二萧的关系,在萧红自北平返回的最初几天,看上去好了许多。既然重新置于同一片屋檐下,总是各自心怀改善的愿望。

然而,数次分合的二萧,如同有了裂痕的花瓶,无论如何修补,那裂痕总是在,并在阴雨的天里,浮泛起来。

萧军说,我现在要和吟走着这一段路,我们不能分别。

不能分别,仅是遥不可及的愿望。在现实的琐屑之中,他们已难以走着"一段路"。

不到一个月,二萧已从争吵打闹,进入冷战状态。

争吵是因为彼此还在乎,而冷战,实为彻底的决裂,是与我无关的挂起。

男女相处,走到这一步,大抵只能是各自走散了。

第九章　冷战

二

　　二萧无言相对，一直到他们因抗战爆发离开上海。

　　而"二萧"的意义，已仅限于上海文坛上的一个符号——不再是血肉夫妻。

　　我和吟的爱情如今是建筑在工作关系上了。她是秀明的，而不是伟大的，无论人或文。

　　我应该尽可能使她按照她的长处长成，尽可能消灭我的缺点。

　　萧军的日记，事无巨细，从中可以看到二萧生活的细处。此时的萧红，大约已不愿说什么。

　　小别之后的短暂蜜月期，很快就结束了。

　　二萧的疏离，其实已经不仅仅陷于感情的短少，而是所有的价值认同都出现了分歧。

　　6月，萧军的《十月十五日》出版了。他对自己新作颇为满意——

　　自己把每篇文章又重读了一遍，觉得自己运用文字的能力确实有了进步，无论文法或字句，全没什么疵。文章内容又很结实。可是吟说她对这本书全不喜欢。我想这是她以为她的散文写得比我好些，而我的小说比她好些,所以她觉得我的散文不如她。这是自尊,也是自卑的心结吧。

　　萧军评判着萧红的自尊与自卑,亦反衬着他的自尊与自卑。他从来需要的都是一个崇拜者,他希望的萧红,是在东兴顺旅馆中那个被从无望中打捞而出的弱女子,他不能容许她的成长与对他的否定。

　　此时,萧军与许粤华的情缘,仍未了断。

　　一日,三人同处。许粤华同萧红搭话,萧红仅给了个冷面。萧军更顾忌这新的爱人,故意对许粤华说他要与萧红分开,还声言,对于许的事情以后还要帮助,并让她第二天十点再来。

　　他们又吵了一架,"这次决心分开了"。

　　在萧军的眼中,萧红已是满肚子的醋意,"为了吃醋,她可以毁灭了一切的同情"。他要求她对于自己的情人给予理解与同情,理由是"她现在的一切处境不如你,你应该忍受一个时间,你不能这样再伤害她……这是根据了人类的基本同情",并断言萧红"将永久受一个良心上的责打"。

　　因为萧红的"吃醋",萧军总在日记中书写他该如何对一个人重新判定,而后满怀失落地喟叹自己如何对一个女人失掉了理性的估量。

　　在情感面前,哪个女人又能做到超凡?而在萧军的眼中,则是她"不独有着其他女子一般的性格,有时还要甚些"。

　　或许,他要的女人,就如他最初的妻。跟他四处流浪,而后等他需要广阔的天地去创立伟业时,随意地就将她打发回故里。而后,一纸书信,让她另觅良人。

第九章　冷战

8月23日的日记中，他说——

他此后也许不再需要女人们的爱情，爱情这东西是不存在的。吟，也是如此，她乐意存在这里就存在，乐意走就走。

翻翻这个时期的萧军日记，多有对爱情与女人的论断。在针对世界的宏论之后，随着而来的往往是——吟，也是如此。

好像，只是萧红的所为，让他对这个世界有了重新的观照。

就在同一天，萧红也写下了《失眠之夜》。此时，抗战全面爆发，东北早已沦陷。她说，之所以失眠，是为着故乡思虑。她想着门前的蒿草，后园里紫色的茄子花，还有上了架的秋黄瓜。

而童年的梦，已成了铁蹄下的涂炭。

在为家乡担忧之外，萧红的失眠，未必没有与萧军的磕碰所生的懊恼的缘故。

萧红一说家乡的蒿草与黄瓜，萧军就说他老家的柳树、牵牛花与峰起的群山。他们好像一直在较量，连家乡的风光都加入了对峙的阵营。

我们讲的故事，彼此都好像是讲给自己听，而不是为着对方。

可这，已经成了他们生活的常态。

然后，说到归乡。萧军说，他回家的时候，先买两头驴，一人骑一头，铃铛声荡漾在老家沈家台的集镇上，喝烧酒，吃羊肉炖片粉。

只是，在萧军昂然的讲述中，萧红却陷入了独自的忧伤。

但买驴子的买驴子，吃咸盐豆的吃咸盐豆，而我呢？坐在驴子上，所去的仍是生疏的地方，我停着的仍然是别人的家乡。

即使到晚年，萧军也不否认，自己有着向萧红挑衅的故意：

我有时也故意向她挑衅，欣赏她那认真生气的样子，觉得"好玩"。如今想起来，这对于她已经"谑近于虐"了，那时自己也年轻，并没想到这会真的能够伤害到她的自尊，她的感情。

也偏偏，萧军挑衅的是敏感的萧红，她的自尊便在这一次次的"好玩"之中，被摔碎，然后成为心底的内伤。

三

1937年8月13日，淞沪抗战爆发。距离卢沟桥事变，不过月余。飞机就在萧红的窗外飞着。"真切了，朦胧了，消失了，又出现了，

第九章 冷战

一个来了,一个又来了。看着这些东西,实在的我的胸口有些疼痛。"

早在 7 月 19 日,萧红曾接到李洁吾从北平写来的信。天天日间睡午觉,夜间听炮声,这就是北平沉闷的生活。

如今,这生活硬生生地横在了眼前。

柔弱的萧红,在危难时刻,总有她的刚强。

中日交战,使得日本左翼作家鹿地亘和他的妻子池田幸子身处险境。他们无法返回故土,又因战事几近无法在中国的土地上立足。鹿地亘是经由鲁迅与二萧结识,并结下深厚的友谊。萧红冒着极大的风险掩护他们,给予他们最迫切的帮助。八年之后,抗战胜利,许广平忆及萧红,仍记得她的奔走。

鹿地亘本名濑口贡,九一八事变后因发表许多反战言论,受到日本当局的迫害,被捕入狱后终获保释。但是,在严密监视下,他在日本的生计非常艰难,迫不得已只好在剧团里当一名杂役。

1935 年,鹿地亘流浪到上海。经内山完造介绍,鹿地亘与鲁迅相识,并得到鲁迅的赏识,自那之后,鲁迅会代选一些中国作家的著作让鹿地亘翻译,这些翻译后的作品,经鲁迅校正后,再由内山完造介绍到日本改造社出版。

因鲁迅的关系,鹿地亘、池田幸子夫妇与二萧也成为相熟的朋友。

鲁迅病逝后,鹿地亘旋即投入"大鲁迅全集"的翻译工作中。1937 年春,鹿地亘夫妇也由北四川路搬到法租界,这样,池田幸子和萧红的往来更加方便。只是,8 月间正是中日关系紧张的时刻,鹿地亘夫妇又搬回了北四川路,因为新住处四周全是中国人,一个日本家庭,居于此处,实在显眼。

8 月 12 日,正是沪战前夜。晚上十一时许,萧红突然听见有人敲门,开门后发现池田幸子带着她的小猫仔站在门外——池田是爱猫之人。池田抱着猫仔闪进屋中，未等萧红开口，池田便紧张地说"日本和中国要打仗了"并告知时间是凌晨四点。

当晚，萧军睡到外屋的小床上，萧红和池田睡在里屋大床上。天气闷热，小猫仔躁动不安，不知是因换了住处，还是对战争的先见。三个人几乎难以安睡，快到凌晨四点的时候，迷糊之中，似有两声枪响。

8月13日早晨，萧红才知道昨夜的枪声并非因为战事。午饭后，鹿地亘匆忙赶到，他情绪激荡而忙乱，说话时夹杂着中文和日文，用力地吸着纸烟。说话间鹿地亘嘴里不时模拟着枪声，手上不停地做出开枪的动作。原来，他刚刚看见了日军与中国守军交火的情形。鹿地亘是从北四川路越过警戒线逃出来的。

下午时分，胡风来访，鹿地亘虽亲耳听见了前哨的枪声，仍以为战局可以和平了结。之后，萧红与萧军陪同鹿地亘同往许广平的住处。

返回之时，仍仅听到零星枪声。然而，晚饭时分，远处开始炮声隆然。四个人都不敢言语——池田望向萧红，萧军则从炮声分析炮弹的当量和发射方位，鹿地亘则紧紧抿着嘴唇一言不发。然后第二枚炮弹呼啸而过。

那日中午，萧红已注意到天空中集结的敌机。它们有大有小，翅膀也不似平时飞机的模样，这些战机轰鸣着，如同夜里听到的海涛。一波过去，心里略微安宁了片刻，另一波又飞来了。

小屋里，绘着菊花的台灯仍旧，大箱子散乱的衣服仍旧，六条弦的大提琴也依旧安稳地站在角落里。

然而，飞机却是一分钟都没有离开那扇窗口。

北四川路是回不去了，战事起来之后，中日双方都在打击间谍，

第九章 冷战

日本警察已到鹿地亘曾经住过的北四川路找过了。鹿地亘夫妇本想暂住二萧处。周围邻居都知道他们是日本人，本无甚大碍，但邻居中还有一个白俄在法国捕房做巡捕，为安全起见，他们必须搬离二萧的家。最后，他们商定，到许广平家暂住。

15日，二萧到许广平家看望，上到三楼见鹿地亘、池田各自坐在写字台前叼着香烟在工作。见他们在如此情形下居然还能安然写作，不禁令萧红非常佩服鹿地亘夫妇那异乎常人的自控力。

过两天，二萧再去看望，鹿地亘夫妇劝他们参加团体工作，说："你们不认识救亡团体吗？我给介绍！"鹿地亘自言自语道："应该工作了，要快工作，快工作，日本军阀快完啦……"又过两三日，萧红再到许广平家，却被告知他们头天下午一起出门后就再也没有回来，临出门还说晚饭不要等他们，至于到了哪里，许广平也不知道。过些天再去打听，仍然音信杳无。

战事对文艺造成了无尽的伤害，许多刊物被迫停刊。进步的青年致力于为苦难的民族竭力呐喊，抗战报刊纷纷诞生。茅盾、巴金、郑振铎、黎烈文、王统照等把当时最具有影响力的杂志《文学》《文丛》《中流》《译文》等刊物合并，创办《呐喊》周刊，后改名《烽火》。

胡风也有创办刊物的想法，1937年8月底，他召集二萧、艾青、曹白等人商议。

在这个小型聚会上，萧红遭遇了她一生中另外一个重要的男子——端木蕻良。

胡风之意，刊物就叫《抗战文艺》，但萧红坦率地表示异议——这个名字太一般了，现在就是"七七事变"，为什么不叫《七月》呢？用"七月"做抗战文艺活动的开始多好啊！

不能不说，那天在场的男子，都没有萧红这样的机敏。于是，"七月"便被大家认可。

关于萧红与端木蕻良的相识，虽说这次是正式见面，但据端木蕻良所说，早在一年前的夏天，他就在上海的一家公园里，见过萧红、萧军、黄源等四人一起散步。在端木蕻良的眼中，萧红已是声名赫赫的东北女作家，而他仍是无名之辈。

在端木蕻良的记忆里，那天的萧红穿一身大红，从背影看过去，苗条，纤弱。而在筹备《七月》的会议之后，萧红曾开玩笑般责怪胡风为什么不早点介绍大家认识，却把作家当成自己的"私产"。

后来，所有的机缘、快乐与苦痛，是否都是在那次见面埋下了根基？没有定论，却引人遐思。

9月11日，《七月》正式创刊，主编为胡风，众参与者则是义务投稿，并无稿酬。最初，《七月》为周刊，但维持了三期之后，因战事紧迫，交通堵滞，作者们又纷纷离开上海，近乎无能为继。胡风遂决定将《七月》移至武汉出版。

胡风邀请二萧同去武汉，继续办《七月》，二萧也答应前往。

上海已经待不下去了，而武汉，仍是大后方，尚且安宁。

第十章 武汉七月

第十章　武汉七月

一

1937年6月20日，二萧在上海吕班路256弄7号公寓门前留影纪念。这大约是他们离开上海前最后的留影。

照片上的二萧，并无之前照片中的亲昵，各自望向不同的方向。虽非刻意宣示什么，但冥冥中，仍有宿命的味道。

9月29日，二萧将一些书籍托付上海的朋友，把与鲁迅先生的通信等另外的重要物品，交由许广平保存，因为许广平不会离开上海，她要守护鲁迅先生的遗物。

也正因为许广平的倾心保护，萧红的少量衣物、影集、随身物品、书刊等得以存留于世。1956年3月21日，这些物品，连同鲁迅的大批衣物，被捐赠给即将建成的北京鲁迅博物馆。

在梵皇渡车站，二萧告别上海。

上海，于萧红的意义非同一般，如果不是战火，她或许会在这个城市长久待下去。

从一个文学爱好者成长为著名作家，十里洋场给予了她另外的养分和看待世界的视角。在这座与北方迥异的都市中，萧红的《生死场》得以出版，《商市街》与《桥》得以集结。同时，她又留下了一组组隽永的诗，向世人昭示一个女子另外的情怀，她的爱与憎，隐与伤。

重要的是，在这里，她遇到了鲁迅。鲁迅的关爱与提携，让萧红在世情的洪流中，感受到了另外的温情。

去武汉的路并不舒畅。

二萧从梵皇渡上车，沿沪杭线抵达嘉兴，而后从嘉兴到南京，再乘轮渡来到汉口。一路跋涉十余天。

当时的武汉，已经成为全国的军政、文化中心。国民政府与国民党中央党部已从南京迁到此处。同时，大量难民涌入，这座庞大的城市，一时更加热闹芜杂。

二萧乘坐的客轮即将驶入江汉关等待例行检疫时，他们遇到了在东北时的老朋友于浣非。在于浣非的介绍下，他们认识了诗人蒋锡金。

蒋锡金住在武昌，常因有事错过末班轮渡，便在检疫船上过夜。

下船之后，二萧住进了蒋锡金所租住的寓所——武昌水陆前街小金龙巷 21 号。

小金龙巷是一条背街的胡同，距离解放路不远，算是闹中取静。21 号，是一个小院，有两间青砖瓦房。二萧抵达时，已是深秋，院中的梧桐树，虽繁茂，但透着季末的萧瑟。

蒋锡金之前与二萧从未有过交往，但听闻过他们的名声。他多数时间不在家，便把卧室让出给二萧住，自己住进书房。因考虑到二萧仍在逃难中，房租也未算。他们很快就成为相处融洽的朋友。蒋锡金在家的日子，就与二萧同桌吃饭，萧红也会帮他做一些家常的杂务。

初到武汉，日子尚且闲散，二萧有闲之时，得以与友人散步蛇山，或在黄鹤楼边看长河落日，日子也算逍遥。

在二萧之前，胡风早已抵达武汉。不久，他搬到武昌小朝街 42 号金宗武先生家。此处距小金龙巷不远。胡风与二萧，以及聂绀弩、罗烽、白朗得以常聚，《七月》复刊也提上日程。

第十章　武汉七月

二萧从上海离开之后，端木蕻良也离开上海，来到浙江上虞养病。随后，他接到了胡风与萧军写来的邀请信。已经坐不住的端木蕻良很快就抵达了武汉。下船后，他直奔小金龙巷21号。

长头发，脸色苍白，身着最为流行样式的西装。端木蕻良的出现，总是亮眼的。在梅志与蒋锡金后来的回忆中，端木蕻良也是那样特立独行。

天气已经凉了，那一日，端木蕻良戴了一副棕色的鹿皮手套，笑着对萧红说："我的手套还不错吧？"

萧红试了试，坦直地大声说，端木蕻良的手真细，手套她戴正合适。

有纤瘦手指的男子，必定有颗纤细的心。若不是因逢战乱，端木蕻良可能是适合与萧红相伴终生的男人。然而，富家走出的子弟，心底多少有些软弱。

《七月》复刊，正值鲁迅病逝周年。复刊后的第一期就要出鲁迅纪念特辑，因时间紧迫，主编胡风决意将《七月》在上海发表过的一些文章，再挑选一部分，另加部分新稿，一起刊登。10月16日，《七月》在武汉出版，仅萧红一人就有三篇文章刊出——《在东京》改名《鲁迅先生（二）》，以及《天空的点缀》《失眠之夜》。

10月18日，萧红写的另外一篇怀念鲁迅的文章《万年青》，发表于武汉《战斗旬刊》第一卷第四期《鲁迅先生周年祭特辑》。《战斗旬刊》为孔罗荪与蒋锡金、冯乃超等人所办的刊物。

端木蕻良在复刊的首期《七月》上，也有两篇散文，其一为《哀悼鲁迅先生一年》，其二为《记孙殿英》。之后，几乎每期《七月》他都有文字刊登。

端木蕻良不久便搬到小金龙巷21号与蒋锡金以及二萧同住。

开始，他不好直接向蒋锡金开口，央求二萧代为转达。

蒋锡金因在家的时间不多，也欣然同意了他的请求。于是，书房里多了一张邻居家借来的竹床和一张小圆桌，端木蕻良与蒋锡金开始了同处一室的生活。

二

四个人的相处，在蒋锡金的回忆录中，依旧是融洽的。

他们有时唱歌——中国的、外国的，萧军还会唱京戏、评戏和大鼓书；有时跳舞——二萧都会跳却尔斯顿，还会学大神跳萨满舞，引得同宅院的邻居孩子都扒着窗户看；也时常开玩笑和抬杠，有一次竟把萧红气哭了。

在蒋锡金的记忆中，萧红被气哭，是因为二萧以及端木蕻良对一个话题的讨论——什么样的文学作品最伟大？

萧红驳斥萧军，端木蕻良则在一旁帮衬着萧红。吵得正热闹时，胡风来了，问明缘由后，他以为下一期的《七月》可就这个话题号召读者参与讨论，并嘱咐三人将自己的观点各自写出，他三天后来取。

三天后，胡风来取稿，只有萧军完成作业。胡风在蒋锡金的床上翻阅萧军的稿件，并对其中几段深表赞同。众人诧异，胡风便读出——

第十章 武汉七月

衡量一个文学作品可以从三个方面，一是反映现实生活的广度，二是认识生活的深度，三是表现生活的精度……

萧红听罢，就大叫了起来："好啊你！……把我们驳你的话都写成你的意见了！"说完，便涕泪横流。

想必，这样的争吵，在小金龙巷21号并不少见。

萧军，大约一直都要表现自己的特立独行，时刻要摆出雄辩天下的姿态；而端木，则时常站在萧红的身后，犹如一个有力的臂膀，与萧红保持着高度的一致。

日常生活中，女人并不需要一个导师式的伴侣，多数时候，她需要的是适度的赞美与包容——那更像爱的方式。或许，正是因为如此，萧红的内心开始为端木蕻良留下一丝狭小的位置。

将近年底，梅志带着儿子晓谷来武汉与胡风团聚。

胡风住在紫阳湖畔，两间小屋，位于秀丽的金家花园一角，虽是隆冬，但一旁的暖房里春意盎然，花园里有曲径，各式苗木，是个可畅谈的幽静去处。

二萧和端木是这里的常客，早饭之后，时常会顺路到胡风家小坐；傍晚则待得长一点，三四个小时，直到晚上十点多才离开。

三人同来，每次都是未见其人先闻其声。离小屋尚远，胡风夫妇就能听见三人的争吵声。后来，争论更多发生在萧军、端木之间。萧军嗓门大，争论起来气势如河；端木虽声小，但有理之时，也是咄咄逼人。

萧红已不大参与这样的争论，多是坐在一旁翻翻书、看看报，或者与胡风、梅志聊聊天，逗逗他们的孩子，有时还挖苦萧军、端木几句。

时日已久，梅志也不再做看客。因为，每逢四人开聊，小屋便烟雾缭绕，胡风是烟不离手，萧红是个老烟客，萧军也抽得不少，但更多时候是端着的姿态，气壮山河。

　　萧军与端木蕻良的吵，时常是因为各自的自命不凡。他们一个自比托尔斯泰，一个自诩巴尔扎克。然而，这样两位"大师"又沾染了中国文人的习气，是彼此瞧不上的——一个说，你描写的自然景色哪像托尔斯泰；一个反唇相讥，你的人物一点也没有巴尔扎克味儿。

　　朋友们当然乐得看个热闹，这样的争执往往都是萧红出面，才得以消弭。"你们两位大师，可以休息休息了，大师还是要吃饭的，我们到哪儿去呀？回家？还是过江去？"看得出，在调和两个男人斗嘴皮子的过程中，她有着以前未有的快乐。

　　女画家梁白波的到来，使得这个小院的布局发生了变化。

　　梁白波初见萧红，相谈就颇为投机。那时，梁白波流亡武汉，她的住处简陋破旧，濒临倒塌，想搬来与萧红同住。然而，两间房都挤满了人，蒋锡金实在为难。

　　不料想，在一边的萧红说，可让端木住进他们房间，梁白波睡端木的床。

　　这样的组合，着实让人匪夷所思。然而，战乱年代，并不稀奇。而萧红，也仅仅是想对一个流亡的女子给予帮助。

　　然而，一桩三角恋情，就在这有意无意之间，酝酿着。

第十章 武汉七月

三

1937 年 12 月,萧红已经开始着手写《呼兰河传》了。

在做饭、洗衣,以及为《七月》撰稿的间隙,她仍未忘记家乡的那条呼兰河。

蒋锡金几乎是《呼兰河传》的第一个读者。四十年后,他仍记得当时萧红向大家宣布要写《呼兰河传》的情形,而她写出的那些文字,又与其他的小说有极大的不同,她一直在情意悲凉地抒情,而主角迟迟不登场,情节也迟迟不推进。然而,他喜欢她已经开始写的那一切,并期待着她尽快写成。

不知道这个《呼兰河传》的开头,在萧军的眼中,又是如何?萧红必然是已预知了萧军读后的反应,于是,她再不似之前那般,欣喜地将自己的文字拿与他看。

萧红在《七月》上,也收获颇丰,她共发表文章十篇。此时,他们从上海到武汉,才三个月而已。

1938 年 1 月中旬,《七月》召开了一次编辑部座谈会,名为"抗战以来的文艺活动动态和展望",萧红的发言后被《七月》刊载。

我看,我们并没有和生活隔离。比如躲警报,这也就是战时生活,不过我们抓不到罢了。即使我们上前线去,被日本兵打死了,如果抓

我贪恋这泥淖里的温暖：萧红传

不到，也就写不出来。

如像雷马克，打了仗，回到了家乡以后，朋友没有了，职业没有了，寂寞孤独了起来，于是回忆到从前的生活，《西线无战事》也就写成了。

看似，这仅仅是一次普通座谈的普通发言，其实，却表明了萧红与萧军在创作上的分野。

萧军的信仰，多是——世间大不平，非剑不能消。所以，他一直想做战士，有着持刀的痛快。第一次见鲁迅，他便说出了他的拼命哲学——我们不能像一头驯顺的羊似的……我们每个人准备一支手枪，一把尖刀罢！

萧红不同，她眼中，不论作家身处何地，都不会落伍于时代，但凡走心，定不乏佳作。

不过，身处战争的浓雾，二萧的分歧在一定程度上被掩盖了。生的仓皇之中，除了这些争论，他们实在不能再做些其他的什么。

武汉暂时的安宁很快就被打破了。

"八一三"淞沪会战，中国军队在付出惨重代价之后，于11月11日被迫撤离，上海沦为孤岛。日军由此打开了一个缺口，迅速进攻南京国民政府，12月13日，南京陷落。

屠城之后的日军，溯江而上，逼近武汉。大批的难民又将从这片土地去寻觅新的生路。

身居武汉的文化名人，也开始了逃亡之路。孔罗荪让夫人周玉屏带孩子先行去了重庆。这样一来，蒋锡金为了方便工作，就搬到孔罗荪位于汉口三教街的家中与之同住，再也用不着在"华佗"号上过夜了。

第十章 武汉七月

不久，冯乃超也搬到孔罗荪家中，三个男人住在一起。

冯乃超搬到汉口后，把自己位于紫阳湖畔的寓所让给了二萧，那里离胡风住处更近，商谈《七月》也更加方便。

留在小金龙巷的就只有端木蕻良了，临走时，萧红笑着对他说："我们走了，没人给你做饭吃，看你怎么办？"端木回答说有煤气炉，再不济可以下面条，饿不死的。

二萧搬走后，端木搬进里屋。果然，如萧红料定的那样——端木喜好书法，桌上常常摊放着笔墨、纸张，凌乱不堪——在战乱中不得不长大的端木，着实缺少自我照料的能力。

二萧虽然搬离，但时常回小金龙巷看看，有时两人一起，有时萧红单独一个人来，《七月》同人仍常来此聚会、碰头。每次前来，萧红都要嘲笑端木屋里的脏乱，边说边顺手帮助整理。见桌上笔墨现成，萧红还兴致颇高地不是画上几笔，就是写几个大字。那一方凌乱的桌子，也承载了他们不少共同的话题，比如写，比如画。

一天，萧红独来。不觉暮色四合，正是月中时节，窗外月色宜人。

端木与萧红相约来到江边，挑一家小馆，一对临窗的座位。那大约是他们谈得较多的一夜，而且没有争吵，没有萧军在一边冷言冷语的鄙薄。端木蕻良是一个很好的倾听者，她已许久未如此痛快地倾吐过内心了。

从小饭馆出来，已是月上中天，水瘦山寒，那原本丰盈的江水，因战事而愈加萧索。不过，因心绪的舒展，这月夜又有了说不清楚的味道。总之，是美好的。

小桥之上，仰头与俯首，都可看到清冷的月。

> 桥头载明月，同观桥下水。

静谧的夜，成双行走的男女，这样的一句，用意是明显的。萧红本想让端木把这诗接下去，端木只说了一句："不早了，咱们回去吧。"那本来发挥的情绪，就这样戛然而止。不过，萧红依旧勾住端木的胳膊，在月色中慢慢踱步到小金龙巷21号附近，然后，独自回家。

萧军虽性情鲁莽，对于这微妙的变化也是有所察觉。

萧红时常在端木面前念一首诗——

> 君知妾有夫，赠妾双明珠。
> 还君明珠双泪垂，恨不相逢未嫁时。

这是唐人张籍的《节妇吟》的两句，中间还有三句——

> 感君缠绵意，系在红罗襦。
> 妾家高楼连苑起，良人持戟明光里。
> 知君用心如日月，事夫誓拟同生死。

那诗中吟哦的女子，虽有对另外男子的情意，还是誓与丈夫同生死，萧红则只说首尾，貌似也有深意。

不久，端木蕻良发现，萧军也开始咏起了诗，那两句为："叔嫂不亲授，君子防未然。"端木纳闷，这略有酸腐的文人做派，确不是萧军一向的状态，显然，萧军大约以为自己的尊严受到某种挑战，要以同样的方式还击。

第十章 武汉七月

吟诗之时，萧军还时常向端木蕻良炫耀自己在东北当宪兵的历史，并拿出代表当时身份的徽章给端木看。或许，萧军是在借此宣示自己的强大，而这样的强大，似乎更有雄性的气质，也是端木蕻良所欠缺的。

时局紧迫，所有的人都不得已被裹挟进历史的洪流。二萧各有抒发的吟诗作对，并未持续多久。

小金龙巷21号的热闹不复存在，他们仍是聚会，但讨论的话题开始转向如何离开武汉，什么时候走，走到哪里去。

惶恐中挨过了1938年的元旦，炮火逼近，可去向仍不明朗。

这年1月，阎锡山实行联共抗日政策，在山西临汾创办了民族革命大学，简称民大，用以培养抗日人才。阎锡山自任校长，李公朴任副校长。

端木蕻良从故交臧云远处，得知他受李公朴委托来武汉招兵买马的消息。臧云远希望端木蕻良能推荐一批文化名人前去任教，这恰好给了他们离开武汉的契机。

去临汾的决定来得很快。1月27日，二萧与端木蕻良，以及艾青、田间、聂绀弩，从一个小货车站出发，离开武汉。

临行时，天已墨黑。小站仅有几盏暗淡的灯光，如果不是紧迫的时局，这肯定是一个寂寥的小站。然而，那天站台上是密密麻麻的人——有出发的，也有送行的。

支撑《七月》的七个人，走了六个，只剩胡风独自留守。临行前，《七月》给每个人发了六十元钱，是作稿酬，也为壮行。

一声汽笛，紧靠站台的铁皮棚车发出哐当声响，人与货物，被一起载入西北的风沙，那是另外的战场。

第十一章 匆匆临汾

第十一章 匆匆临汾

一

又是十天颠簸。萧红等人终于抵达临汾。

民大正值草创，艰苦可想而知。学校只挂一块牌子，并无具体的校址，不大的临汾城成了民大的校园，学生与教员从四面八方涌入，约有五千多人，分散住在老乡的家中。

二萧、端木蕻良在学校担任文艺指导员。

虽是分散管理，但每天早上，军号声把学生汇集到操场，那是火热向上的景象。

不久，丁玲带领的西北战地服务团，从潼关来到临汾。

粗犷健壮的丁玲与苍白又倔拗的萧红见面了。在此之前，她们并未有过交集。虽说1936年的10月，鲁迅病逝时，萧红在东京悲痛欲绝，丁玲则在奔赴延安的前夕给许广平寄去吊唁函。可那时，她们是两个时空中的人。

在丁玲的眼中，萧红是特别的。这种特别不单单是外表的苍白无力，还有她的少于世故。

丁玲曾在萧红病逝后不久写下一则回忆文章，记忆中，多是和而不同的融洽。

我很奇怪作为一个作家的她，为什么会那样少于世故，大概女人

我贪恋这泥淖里的温暖：萧红传

都容易保有纯洁和幻想，或者也就同时显得有些稚嫩和软弱的缘故吧。但我们都很亲切，彼此并不感觉到有什么孤僻的性格。我们尽情地在一块儿唱歌，每夜谈到很晚才睡觉。当然我们之中在思想上，在感情上，在性格上都不是没有差异，然而彼此都能理解，并不会因为不同意见或不同嗜好而争吵，而揶揄。

或许，在一定程度上，丁玲是萧红所缺失的那一面，比如英雄的气魄，这样的气魄自不单单是文字里的力量，更是生活中所投射出的决然。而萧红，也是丁玲所没有的另一面，比如她的敏锐，她的直率。而且，萧红以特有的敏锐，看到了丁玲内心的柔和。后来，萧红曾向骆宾基回忆丁玲，在丁玲令人印象深刻的英雄气魄之外，萧红忘不掉的，还有丁玲的笑，以及她明朗的目光。

脱离了上海那种以萧军为中心的朋友圈子，萧红在临汾的日子，虽是惶然，却是充实的。

在从武汉至临汾的火车上，萧红与同行的诗人田间相谈甚欢，田间小萧红五岁，他们以姐弟相称。

这期间，她与聂绀弩也有更多的接触。早在二萧初见鲁迅的宴会上，萧红与聂绀弩就已相识，但深谈的机会不多。而后，一同从上海撤离武汉，又共同编辑《七月》，直至临汾民大，二人已是无话不谈。

在聂绀弩的眼中，萧红是真正的才女，萧红的回应则是，自己如同《红楼梦》中的香菱在梦里作诗，也是在梦里写文章的。且不说才赋，起码，萧红对文字是热爱且全情投入的。

而且，对于写小说，萧红又有自己全新的见解。

第十一章　匆匆临汾

> 有一种小说学，小说有一定的写法，一定要具备某几种东西，一定写得像巴尔扎克或契诃夫的作品那样。我不相信这一套。有各式各样的作者，就有各式各样的小说。（聂绀弩《萧红选集·序》）

对萧红而言，人才是作品的不朽之处。所以，时代更迭的风霜之后，她并未成为过时的那一个，反倒成为最为亮眼的存在。

1938年2月下旬，晋南战局发生变化，日军逼近临汾，民大准备向宁乡撤退。民大的教员，又要面对一轮选择——愿意留下的可与民大一起撤退宁乡；不愿意留下的可随丁玲的西北战地服务团前去运城，那里设有民大的第三分校。

他们当中，田间已加入丁玲的西北战地服务团，他的去向自然是运城；聂绀弩、艾青、端木蕻良也想去民大的第三分校看看，也去运城。

然而，二萧就此后的去向，各有打算。

共识，在二萧这里，已经越发艰难。

二

一夜争吵之后,第二天,各奔东西。

早春时节,山西尚冷,满目恓惶,谁记岁月流年。两队人马即将出发,二萧也必须下决断了。

一年之后,萧军在《从临汾到延安》中记述了那一夜的争吵。

萧军想留在临汾,决定看个水落石出,原因很简单——他觉得自己强壮。

你总是这样不听别人的劝告,该固执的你固执,不该固执的你也固执……这简直是"英雄主义""逞强主义"……你去打游击吗?那不会比一个真正的游击队员更价值大一些,万一……牺牲了,以你底年龄,你底生活经验,文学上的才能……这损失,并不仅是你自己的呢。我也并不仅是为了"爱人"的关系才这样劝阻你,以致引起你的憎恶与卑视……这是想到了我们底文学事业。

人总是一样的。生命的价值也是一样的。战线上死了的人不一定全是愚蠢的……为了争取解放共同奴隶的命运,谁是应该等待发展他们底天才,谁又该去死呢?

你简直……忘了"各尽所能"这宝贵的言语;也忘了自己的岗位,简直是胡来! ……

第十一章　匆匆临汾

这一段争吵应该是萧军的忠实记录，几乎投射了二萧所有的人生爱憎。

萧军是强壮的，而且有着思想上自以为的强壮，因而他以为自己"不会死的"。而后，他们决定，再见面时，再决定是厮守还是各奔东西。

"好的。"萧红这一句，让一场热烈的争吵戛然而止。

然后，两人躺在一面土炕上，各自望着顶棚。等同屋的丁玲睡定，萧军伸手摸了萧红的脸和眼睛，有了湿润。

"睡……罢！"萧红的声音颤抖、模糊，听起来遥不可及。

第二天傍晚，临汾城外的车站，萧军送别萧红。萧红倚靠在车厢的窗口，似在等候什么。萧军将就近买来的两个梨子递到她的手中，萧红茫然接过，而后，泪雨滂沱。

"我不要去运城了啊！我要同你进城去……死活在一起罢！在一起罢……若不，你也就一同走……留你一个人在这了我不放心，我懂得你的脾气……"

两个梨子，形如这一对男女的命运。

六年的相守，萧红当然懂得。虽经历各种纠葛，却果真放手，那是怎样的疼痛？不如，继续相守。多少平凡夫妻，不都是这样了却了一生？

然而，依萧军的脾气，他又怎会轻易更改决定。他握紧了她细瘦的手，絮絮说了未来的各种可能，当然，都是为了说出将来的再见。

临别时的不能放手，更如同二萧六年感情的回光返照。分别就分别，最后的挽留与痛苦，大约只是不肯告别过去的自己。

然而，时光的列车，谁又能扭得过。

我贪恋这泥淖里的温暖：萧红传

列车开动之前，萧军找到了丁玲，特意托付她代为照顾萧红。他终是担忧她的病体，还有不谙世故的性情。

车就要开动了，萧红催促萧军下车。在萧军最后的回首中，萧红的脸阴暗惨白，丁玲是无法掩盖的意气风发。此后的数年，萧红趋向衰弱孤僻，而丁玲走了政途，所有的相遇，不过是擦肩，而后渐行渐远。

萧红从黯哑的车窗里探出身子，无声地望着萧军。对于萧军而言，这才是最为沉重的压迫，当他想去拥抱她时，有高亢的歌声响起，那声音将最后的怦然心动掐灭，将萧军推入另外的洪流。

火车隆然启动，那窗口纤瘦的影子，慢慢浸入早春夜晚的寒凉。

萧红的临汾之行，不过二十天。萧军留予萧红的，是彻底的灰心，还有，腹中一个悄悄萌芽的胎儿。

第十二章 西安诀别

第十二章　西安诀别

一

还未在运城站稳脚跟，因丁玲的西北战地服务团要返回延安，萧红等人又计划一路跟随，向延安出发。只是，一队人马刚抵达潼关，西北战地服务团就被接到开往西安的火车上，丁玲邀端木蕻良、萧红、塞克、聂绀弩为西北战地服务团写个剧本，以便到西安后可以立即公演。

一部三幕剧《突击》在火车上诞生了。

《突击》讲述的是山西太原附近的农民，自发进行武装反抗日军侵略的故事。端木蕻良曾撰文说，这个剧本的设意和制出，其实都是塞克一个人，而参加意见和商榷的则有其余三个人。

1938年，《突击》在西安售票公演，连演三天，场场爆满。西北战地服务团因此还赚了一笔，添置了些服装设备，还特意买了一台照相机，这在当时，是非常奢侈的。而现存的几张萧红与端木蕻良的合影，几乎都是这台相机拍摄的。

七贤庄是他们的落脚地，也是八路军的办事处所在地。在这个院落里，萧红度过了整个春天。

在朦胧的月色中，萧红时常与聂绀弩在西安的正北路上散步。与萧军的感情，是不可回避的话题。萧红对萧军的爱，不容置疑，然而对她而言，做萧军的妻子太痛苦了。"我不知道你们男子为什么那样大的脾气,为什么要拿自己的妻子做出气包,为什么要对妻子不忠实!忍受屈辱,已经太久了……"

而在萧军看来,萧红一切都好,但她不是妻子。分别前夕,他这样认为,到了晚年,他依旧这样认为。

那日送行的车站上,萧军对聂绀弩也有交代。他说,自己也爱萧红,这种爱的前提是两个人的痛苦。如果萧红不先说分手,他们永远是夫妻,别离的话,他不会首先提出。

端木已经开始了对萧红的攻势,聂绀弩看在眼里。

在萧红与萧军以及端木蕻良三人同处的日子里,她对端木蕻良的袒护与赞美虽是受用,但并未有与他走在一起的想法。或许是这个原因,萧红时常对聂绀弩说起,端木是胆小鬼、势利鬼、马屁鬼,一天到晚装腔作势。

那天晚上,她和聂绀弩在马路上来回地走,最后她说,有一件事要托付于他。

萧红随身带一根竹制的小软棍,据聂绀弩说,那是在杭州买的,她随身携带了一两年。白天里,端木要萧红将这木棍送予他,萧红并未答应,说明天再说。

此时,她打算把棍子藏在箱子里,而后称送给了聂绀弩,若端木提起,就让聂绀弩承认有这回事。

对女子而言,随身携带的东西,赠予哪个人,总有它特别的意义。

萧红不愿把它给端木蕻良,大约此时,她尚未打算好自己是否要与这个男子共处。

日子混混沌沌地过着,中间,聂绀弩与丁玲有一次延安之旅。临行前的傍晚,他在马路上遇到了萧红。

第十二章　西安诀别

萧红执意要请聂绀弩吃饭，二人到了一家小馆。这餐饭，是萧红想表她的歉意。因为，那根竹棍，她在这天遇上聂绀弩之前，已经送给了端木蕻良。

"那小棍儿只是一根小棍儿，它不象征着旁的什么吧？"聂绀弩自然想到了女儿家的心思，他问，隐约有着担忧。

"你想到哪里去了？早告诉过你，我怎样讨厌谁。"答出这句时，萧红将头望向别处。萧军曾跟聂绀弩说，萧红并无处世经验，而萧红说："在要紧的事上，我有！"声音里，分明有着颤抖。

那根小竹棍儿，当然有着特别含义。自那时起，端木得到了萧红的青睐。

女性的天空是低的，羽翼是稀薄的，而身边的累赘又是笨重的！而且多么讨厌呵，女性有着过多的自我牺牲精神，这不是勇敢，倒是怯懦。

在聂绀弩对萧红的回忆中，有着萧红对自我的评判。

女性的怯懦，萧红与萧军同行时有。路遇端木，她同样无法摆脱这怯懦。若不是行走得孤寂而艰辛，她未必去奔了端木，以寻找久违的慰藉。

女人"笨重的累赘"，对当时的萧红而言，可是切切实实的"累赘"。萧军留在她腹中的胎儿，暗暗成长。萧红想打胎，可战时的西安找不到一家像样的医院，她为此苦恼着。

这时候的端木，是一个很好的陪伴者。他时常与萧红一同散步、郊游。

同游碑林那日，或许是端木蕻良在萧红心底翻身的日子，出身清华历史系的背景帮了他的大忙——他几乎能把碑文里的每一个字都讲得清楚透彻，那些嵌于石头的汉字，自端木的舌尖活了起来。这让萧红不能不佩服。

或许，就是从那一天起，萧红与端木蕻良的关系更近了一步。萧红的心绪，慢慢地放松起来。

与萧军临汾一别，聂绀弩曾以为只是萧军有离意，但随着与萧红的深交，他明白，萧红同样不想继续与萧军同行。"临汾之别，大概彼此都明白是永久的了。"既如此，萧红慢慢偏向端木蕻良也就容易理解了。

1938年的春，萧红慢慢找到久违的快乐，她与端木携手，更像一对幸福的情侣。

二

聂绀弩去延安之前，曾邀萧红同行，她拒绝了。虽然她跟聂绀弩说，并非因为惧怕遇到萧军，然而，已然说了分手，又开始爱了其他的人，萧红的心底或许真的担心遇上萧军。

第十二章　西安诀别

但她最为念念于心的，还是萧军。

3月下旬，萧红致信胡风——

这一遭的北方的出行，在别人都是好的，在我就坏了。前些天萧军没有消息的时候，又加上我大概是有了孩子。那时候端木说："不愿意丢掉的那一点，现在丢了；不愿意多的那一点，现在多了。"

不愿意丢掉的那一点，当是萧军；不愿意多的那一点，应是孩子。说出这话的端木蕻良，大抵也知道萧红对萧军的爱之深。

这封信，最后的具名，是"萧红　端木"。可见，二人已在朋友圈子里公开了恋爱关系。

半月之后，丁玲和聂绀弩回来了。令萧红意外的是，萧军和他们一同来到了西安。

萧军本要前往五台山，但是道路阻断，他只能滞留延安。一时无事可做，萧军便听从了丁玲与聂绀弩的建议，来西安为西北战地服务团做点事情。

聂绀弩去延安之前，曾劝萧红："你要想到自己的文学上的地位，你要向上飞，飞得越高越远越好……"在他看来，与端木蕻良一起，或是折翅，是栽倒在"奴隶的死所"之上。

所以，邀萧军同来，除了工作上的考虑，未必没有对萧红救赎的意味。虽说二萧的情感将彼此折磨得精疲力尽，但是，冷静之中的萧军，依然抹不掉萧红在信中的印记。

临汾送别萧红之时，萧军已然感到一份难以言说的失落。

第二天起床，他发现了萧红那双常穿的小皮靴还放在屋角。这双

我贪恋这泥淖里的温暖：萧红传

棕红色的小靴子是萧红的爱物，未离开的时日，这双鞋子给予萧红不少愉快与轻捷。

睹物思人，萧军把小靴子包扎起来，附上一封短信，另将一些文稿、信件，一并交给对门准备当天去运城的同事，托其分别带给萧红和丁玲。

红：这双小靴子不是你所爱的吗？为什么单单地把它遗落了呢？总是这样不沉静啊！我大约随学校走，也许去五台……再见了！一切丁玲会照顾你……祝健康！

萧红的遗落，也恰如呼唤，因而，萧军转走西安，也未必不是心有余念。

然而，为时已晚。

那一天，丁玲和聂绀弩刚走进住处的院落，就有西北战地服务团的团员高喊："主任回来了！"

众人闻声出来，其中亦有萧红与端木。二人的目光自然投注到萧军的身上，气氛一时有些尴尬。

六年的感情，终于要来一个彻底的了断。

从萧红的文字中，我们似乎看不到这段往事的痕迹。她向来只肯说生活的苦与疼，而与那些纠葛的男子的了断与隐情，她似乎将其一笔抹煞，寻不见踪迹。

围观的后来人，也只好从围观的当年人的口中，去还原当时的情形。可隔了岁月与人心，那时那刻的真实，虽近在咫尺，又遥不可及。

来自萧军的记忆，那是无比平静的一刻——

第十二章　西安诀别

在停驻西安，擦洗着一路风尘的时候，萧红平静地说："三郎——我们永远分开吧！"

"好！"

我们的永远"诀别"就是这样平凡而了当的，并没有任何废话和纠纷地确定下来了。

然而，当1978年的萧军描述下这番平静之后，二十年之后，端木蕻良的夫人钟耀群又有另外的说法。院落中的众人，对从延安回来的三人致以欢迎之后，就各自回屋，萧军大踏步地来到了萧红与端木的居室——

萧红，你和端木结婚吧！我和××结婚！

当时，端木的房间里有一架破旧的钢琴，说完这句话，萧军在那钢琴上猛击了一下——当的一声，如同宣告一场战事的开场。

端木和萧红都愣了，等缓过神来，萧红生气地说：

"你这是什么话？你和谁结婚我管不着，我和谁结婚难道要你来下命令吗？"

端木也生气地说："你也太狂妄了！你把我们当成什么人了？"

萧军怒气冲冲地说："我成全你们不好吗？"又对着端木说，"瞧瞧你那德行！"

眼看两个男人就要扭打起来，萧红将萧军拽出了门外。

毕竟，有一院子的目击者，这场被萧红阻断了的打斗，在他人的讲述中，依旧在酝酿着。

不到两天，萧军又改变了主意。因为萧红腹中的孩子，他又想与萧红和好，然而，萧红断然拒绝。

萧军怎么能罢休。

一天半夜，萧军踢开了端木蕻良的房门，拉着已经钻进被窝的端木蕻良去野外决斗，萧红闻声过来，她对萧军说："你要是把端木弄死了，我也会把你弄死。"

这副鱼死网破的架势，连草莽的萧军都怕了。决斗不成，萧军又有了另外的行动，那就是，无论萧红和端木走到哪里，萧军必定保持一两百步距离的跟踪，而且，手里还拎着一根粗大的木棍。

这些说法，无论是夸大，还是刻意隐藏，都不能改变二萧最后的结局。

对于三个人而言，西安都是待不下去的伤心地。

去往何处，总需要些机缘。正在萧红思谋离开西安时，她的老友池田幸子来信说，她一人在武汉备感寂寞，希望萧红能回武汉。

而萧军，在4月底与塞克、朱星南、王洛宾、罗珊一行五人北上兰州，在这里，萧军结识了十九岁的美专学生王德芬，随即闪电恋爱，6月2日王父在报章上刊登萧军与王德芬的结婚启事。四天后，二人离开兰州。而后厮守终生，育有八个子女。

人生总是如此，冷不丁给人错愕感——那曾经爱得如胶似漆的，最后却是生离死别；而偶然间路遇的女子，却又可以牵手走向生命的尾声。

虽是结局美满，但他人看来，总忍不住来一声喟叹。

第十二章　西安诀别

三

1938年5月14日，在中华全国文艺界抗敌协会会报《抗战文艺》第1卷第4号上，刊登了一则简报：

萧军、萧红、端木蕻良、聂绀弩、艾青、田间等，前于一月间离汉赴临汾民大任课，临汾失陷后，萧军已与塞克同赴兰州，田间入丁玲西北战地服务队，艾青、聂绀弩先后返汉，端木蕻良和萧红亦于日前到汉。

不过百字，简单明了。然而，开始是众人同行，到后来各自流散，《七月》同人四散，二萧时代终结。这则简报也耐人寻味。开头是"萧军、萧红"，结尾已成"端木蕻良和萧红"。

对于萧红而言，每一场分手总不是那么痛快，男子的骨肉安放在她的腹中，悄然成长，并拔节着一个女人的忧伤。

命运一次次与她开过于残酷的玩笑，仿佛宿命就是宿命，无论如何都躲不过。

二萧后来的彼此关注，大约都是间接的了。

1939年5月16日，在成都的萧军，于当天日记里仍带着情绪写下：

我贪恋这泥淖里的温暖：萧红传

他们说和我交友感到压迫，妨害了他们的伟大，红就是一例，她已经寻到了不妨害她伟大的人。

从萧军日记来看，萧军与王德芬一起生活不久，便产生了尖锐的矛盾。或许每到此时，他便生出对萧红的怀念。1939年9月20日，萧军有这样一则日记——

夜间，偶然把红的信，抽出几页要看一看，但是我看不下去了，一种强烈的悲痛，击痛了我的心！我保存着它们，但又不敢好好地看它们一遍。不知她现在跑到哪里去了。我想无论怎样，大家全要怀着这个永久的悲剧的心，一直到灭亡！

此后，萧军亦留意于从白朗等友人口中，了解萧红的生活和创作现状，关注其行踪。

1940年2月，萧军从他人口中获悉萧红去香港的消息，他说："有一种可悲的感觉，觉得这个人是一步一步向坟墓的路上走了！"

这坟墓，或许是生命的远逝，抑或是才华的泯灭。无论如何，萧红的命运，被不幸言中。

1940年10月7日，萧军与王德芬因看戏引发冲突，他在日记里思考了自己对伴侣的态度——

我的咄咄逼人的态度，命令的声调，这是一个人不能忍受的，可是芬她能忍受，这使我更不能离开她，更深地爱着她。这似乎近于感恩。我又记起红说过："一个男人爱女人，无非让她变成一个奴隶，这样他就更爱她了。"

第十二章　西安诀别

　　写下这则日记时，二萧分手已经两年多。由此可以看出，二萧之所以分手，根源在于萧红不能作为男人的"奴隶"而存在，因此她也得不到那"感恩"的爱情。对于这一悲剧的根源，萧红显然早就意识到了，她唯一的去路，只能是离开。

　　萧军虽然意识到自己匪夷所思的逻辑，却从来没有多少悔意。后来，在一次和丁玲的对谈中，萧军说："萧红是常常鼓励我的，她是有正义和文艺气氛的人，她和我离开，原因不怨我。"

　　在萧军的笔下，"红是有晶莹崇高感情的"。即使如此，他对于自己与萧红的分手仍缺少平和与理性的认知，而将原因归于端木蕻良的出现与萧红的草率选择。

　　然而，除了萧红自己，周围的友人对萧军的跋扈，亦是看得清晰，他对萧红乏于"妻性"的评说，更是让友人颇为不满。

　　在萧红弃世两个多月后，二萧的友人白朗写下《遥祭——纪念知友萧红》一文，说到萧红对萧军所表现出的惊人的隐忍。

　　红是一个神经质的聪明人，她有着超人的才气，我尤其敬爱她那种既温柔又爽朗的性格，和那颗忠于事业忠于爱情的心；但我却不大喜欢她那太能忍让的"美德"，这也许正是她的弱点。红是很少把她的隐痛向我诉说的，慢慢地，我体验出来了；她的真挚的爱人的热情没有得到真挚的答报，相反的，正常常遭到无情的挫伤。她的温柔和忍让没有换来体贴和恩爱，在强暴者面前只显得无能和懦弱。

　　或许，有的男人并不想要一个有才华的妻，毕竟那些才华充满危险，他害怕在某些时刻，才华化为诛心的刀锋，伤人伤己。

第十三章 新嫁娘

第十三章　新嫁娘

一

再次回到小金龙巷21号，已是半年之后。半年，如同一个漫长的夜，在噩梦中醒醒睡睡，待得真的醒来，同行的人，已经各走他途。

端木蕻良付上了已经欠下的二十元大洋的房租，对蒋锡金声称是自己来住，而萧红会住进池田幸子的寓所。

蒋锡金开始并不知道二萧已经分手，不久之后，他回小金龙巷取东西，才发现萧红与端木蕻良同居了。

那一天，蒋锡金站在窗外问萧红："你肚子里的孩子是谁的？"

萧红答："是萧军的，你去给我找个大夫来，我要打胎！"

蒋锡金虽向萧红投去异样的目光，但也真为她找来了大夫，无奈胎儿月份太大，会殃及母亲，最后只好作罢。

腹中的婴儿，萧红称之为"病"，她可以忍受朋友对她与端木蕻良结合的非议，却因着"病"怏怏不快。

他们走到一起，并未得到任何祝福。

回到武汉后，萧红第一时间联系上胡风，说了半年之内的各种变故。然而，对于萧红与端木的结合，胡风夫妇颇为平淡。虽然，他们也预感到二萧分手是迟早的事，但萧红这么快便与端木蕻良在一起，依然叫他们不可理解。

我贪恋这泥淖里的温暖：萧红传

因二萧分道扬镳以及对端木有恶感而渐渐疏远萧红的，不仅是胡风和蒋锡金。

萧红没有回武汉之前，张梅林就听说了二萧分手的消息。及至萧红和端木住进小金龙巷二萧从前居住的那两间屋子，虽然住处仍然相隔很近，张梅林也不常来了。

不过，萧红和端木仍会到梅林处闲聊，偶尔一同去蛇山散步。自青岛到上海再到武汉，之前，同游的三人是二萧与梅林，如今，另一个生生成了端木蕻良，梅林大约很难接受，那些过往投契，顿时了无踪影。梅林甚至直接表示，得知萧红与端木同居后，都不愿意常去看她了。

其他的朋友也是如此。他们都走向了爱屋及乌的反面。

"是因为我对自己的生活处理不好吗？"有一次，萧红一见到梅林，就这么突兀地发问了。在她看来，包括梅林，周遭人的眼色，都是"那种不坦直的，大有含蓄的眼色"。

梅林不得不默然，默然实在是一种承认。

但平心而论，萧红也并不是十分在意周遭的眼色，她知道自己不能在同一种生活的方式里永远沉溺，她说："现在我痛苦的，是我的病……"

萧军对端木蕻良的恨，大概已到切骨，他在公开的文章中说："他说话总是一直鸭子似的带点贫薄味的响彻着……我厌恶这个总企图把自己弄得像个有学问的"大作家"似的人，也总喜欢把自己的幸福建筑在别人的脖子上的人——我憎恨他。我憎恨所有这样的可怜的东西。"

萧军对端木的憎恨，总是情有可原。可是，为什么端木蕻良结交

第十三章　新嫁娘

的文学圈子也对他有所非议，而且这些人多是他的同乡？

丁玲对他的看法，其实代表了一众作家的看法。那是1981年，丁玲向美国学者葛浩文谈及端木蕻良："我们那儿的政治气氛是很浓厚的，而端木蕻良一个人孤僻，冷漠，特别是对政治冷冰冰的。早上起得很晚，别人吃早饭了，他还在睡觉，别人工作了，他才刚刚起床，整天东逛逛西荡荡，自由主义的样子。看那副穿着打扮，端木蕻良就不是和我们一路人。"

说到底，是这个出生于草原的贵族后裔，并未融入传统意义上的东北作家圈——他没有到过东北作家引以为豪的文化重镇哈尔滨，他也没有其他人那坚定的革命性。除了不可更改的出生地，他那散漫的作为实在无法入众人的眼。

到武汉没几天，萧红和端木就参加了《七月》举办的第三次座谈会，主题为"现时文艺活动与《七月》"。

当时，"战场高于一切"的说法非常流行，这也是萧军所秉承的，但萧红有不同的看法。

> 胡风对于他自己没有到战场上去的解释，是不是矛盾的？你的《七月》编得很好，而且养育了曹白和东平这样的作家，并且还希望再接着更多地养育下去。那么，你也丢下《七月》上战场，这样是不是说战场高于一切？还是为着应付抗战以来听惯了的普遍的口号，不得不说也要上战场呢？

尖锐而坦白，这就是萧红。她以为，战争年代，每个人都要各尽所能，绝非只有上战场才是对抗战的支持。

作家不是属于某个阶级的，作家是属于人类的。现在或是过去，作家写作的出发点是对着人类的愚昧。

在萧军心目中不谙世故的萧红，对于写作实有如许卓越的见解。其实，对于世故，或者她仅仅是不屑，甚至懒得操持。对于题材，萧红以为，一个题材必须要跟作者的情感熟悉起来，或者跟作者起着一种思恋的情绪。无疑，萧红是自己观点的践行者，从始至终，她的写作都是自身边物事而起，而作品设计的内里，则是整个人类的自身。

这些观点，从另一个角度，倒是找到了萧红与端木蕻良的一样共性——用自己的方式，仅是来一次作为人的反抗。

二

女人总是需要一场婚礼，或盛大或简朴，因为，那是一种对世界的昭示。在时日的消磨中，多数人情意淡去，但是这一刻的心满意足，无法磨灭。

那个叫作"名分"的东西，虽然古旧，但在中国式的夫妻生活中，至今仍然重要。

第十三章　新嫁娘

从西安返回武汉的火车上，萧红曾着意将自己与萧军分手的消息公诸于众，这个想法遭到了端木蕻良的劝止。在端木蕻良眼中，萧红也是圈内名流，一桩情事闹得过于飞扬，对于她而言，也是莫大的伤害。

萧红与端木蕻良结婚了。这个名分，汪恩甲与萧军，都未曾给予她。

5月，已是初夏。萧红与端木蕻良在武汉大同酒家举行了简单的婚宴。

端木的母亲并不同意这桩婚事，毕竟，萧红曾与两个男人同居又离弃，想来似不吉利。但是端木蕻良坚持了自己的想法，他认为，萧红过去的不幸是因为两个男人都没有和她正式举行过婚礼，缺乏某种道德上的约束。

婚宴的宾客不多，多数为端木蕻良的亲戚，也有二人的好友胡风、艾青。

萧红的好友池田幸子亲自送来了一块很好的衣料，那块衣料价格不菲，也有着与那个时代相关联的故事。

原来，池田初到上海时，找不到工作，生活无法为继。她的房东给她出了主意——去当伴舞的舞女，当然，是临时性的。

由于池田是日本人，舞场老板自认为"奇货可居"，事实上她也成了一块招牌，为舞厅招徕不少客人。有一天，池田为一个微胖的舞客伴舞，在她的眼里，每一个客人都一样，她也无甚兴趣去打听他们的来历。第二天，这个客人就带来了那份贵重的衣料，送给了池田。这时，池田才知道这个微胖的舞客，就是大名鼎鼎的孙科。

萧红结婚，池田没有钱买礼品，便借花献佛。只是，这块衣料被搁置了起来，它身上有池田的辛酸、心意，也有萧红的境遇、纠结。

在婚宴上，胡风提议他们谈谈恋爱经过。

只是，这个恋爱的经过，实在不怎么浪漫，如同生活中的多数桥段，端木蕻良更像一个疗伤者。在萧军抽身而去的那一刻，如果没有他出现，萧红不知该怎样挨过离散的时光。

萧红说，她是在决定同三郎永远分开的时候才发现了端木蕻良，而她想要的生活，不过是寻常百姓式的夫妻生活——没有争吵，没有打闹，没有不忠，没有讥笑，有的只是相互谅解、爱护、体贴。

显然，最初的端木，是做到了这一切的，他让萧红触摸到了凡俗的生活。萧红正怀着萧军的孩子，端木却不吝举办了这场婚宴，萧红是满足的。

那一天，她真是新嫁娘了，身着专门定做的红纱底金绒花旗袍。端木则是一身浅驼色的西装，打着红领带，一改往日的随意。

此情此景，真让人生出百年好合的祝愿。

然而，事不遂人愿。

三

婚后，萧红与端木蕻良仍住在小金龙巷21号。交往的亲友已不多，不过他们也获得了难得的安宁，开始着手新的写作。

第十三章 新嫁娘

只是，生活的暗礁总在不远处。陋巷中的安稳，并不长久。

半年前，二萧离开武汉就是因为日寇的迫近，如今返回，时局更是恶化。

1937年11月29日，国民政府已正式宣布迁都重庆。

1938年5月9日，徐州弃守，不久，日军兵分五路进逼武汉。7月26日，江西九江失守，日军大规模集结，准备进攻武汉。

又一次大规模的逃亡开始了。长江航道，水泄不通。

萧红的身子一天天沉重起来。四周，是空袭的警报声，以及日军轰炸机的吼叫。

武汉的文化名流多数计划入川，萧红与端木蕻良也只能随波而动。

当时入川，只有长江水道，而宜昌以上，江流湍急，只能容一船通过，大船几乎无法逆流而上。正因如此，上海、武汉、南京等地的船均不能直达重庆，须在宜昌换乘，搭载大马力小船，继续入川之路。

蜀道难，难于上青天。不是虚妄之论。

武汉战局危难之时，许多文化人纷纷到前线充当战地特派记者，端木蕻良也有此打算，他与《大公报》总编辑王芸生接洽，想作为该报特派记者在武汉周边的前线采访，对方亦表示欢迎。后因时局变化太快，端木战地特派记者的梦想终未实现。

一个阴雨天，张梅林乘船过江，在船上偶遇萧红。当梅林问她怎么一个人时，萧红反问道："一个人不好过江吗？"

萧红似乎非常反感别人一定要把自己的行为与端木连在一起，就像此前他人往往习惯性地将她与萧军联系在一起一样。与萧军在一起时，她尚无如此强烈的感觉，而此时，她如同一头苏醒的兽，一旦友人提及她该与端木如何,她便跳将起来。

梅林和罗烽即将订票入川,萧红听闻,便问:"那我们一起走,好吗?"

梅林没有回答,并有些不解地问道:"你一个人吗?"

"一个人,"萧红接着强调说,"我到哪里去不都是一个人呢?"

"这要和端木商量商量。"

萧红听后很不理解地睁着大眼睛大声问梅林:"为什么要和端木商量呢?"

进一步苏醒的女性意识,不断促使萧红寻找更多属于自身的独立空间和行为方式。

然而,这独立实在是那些失离抛弃历练而出,若是世道和平,而萧红又被身边人呵护着,即使她追求独立,也未必非得事事亲为,且执着于他人的眼光。

此时的萧红,显然是为了在他人眼中独立,而过于执拗了。

梅林哑口无言,萧红也是,她觉得男人——即便是自己最好的朋友,还是习惯于将她视为端木的附庸,就像从前将她看作萧军的附庸一样。然而,站在梅林的角度看,这又有什么问题?萧红已与端木蕻良结婚,他哪里好不经对方的同意,就带着友人的太太一同旅行呢?

当不成战地记者,端木和萧红准备一起迁往重庆。

8月初,端木蕻良与罗烽、梅林等人乘船前往重庆,但一行人之中,并无萧红的影子。

自此,端木蕻良背上了负心的名声。东北作家陈纪滢曾经这样说——据孙陵兄告诉我,端木看来文雅,但在1938年夏天,正是武汉紧张的时候,他却一个人买了一张头等船票去了重庆,把萧红一个

第十三章　新嫁娘

人留在武昌不管了。

原本，众人就不看好萧红与端木的感情，这样的说法，着实符合众人的揣测。

后来，端木蕻良的妻子钟耀群对此有一段陈述——

1938年端木、萧红在武汉，因为他托人只买到一张船票，他要萧红先走，萧红却执意要他先走。两人争论时，萧红发了脾气，非要他先走不可！安娥（田汉的夫人）在一旁也说她能搞到船票，和萧红一起走会更方便些。就在这样的情况下，端木才不得不先走了。

或许，钟耀群所说，正是实情。但就萧红而言，即便是她真心让端木先行，一个大腹便便的女子，滞留在隆隆的枪炮声中，那是怎样的失落！

几十年后，端木蕻良对这段往事也有所解释——

当时，二人托同样要离开武汉的罗烽买船票，因票源紧张，罗烽总共买到两张船票。端木和萧红自然不好将两张船票都据为己有，可是，一张船票，谁先走呢？

萧红觉得有孕在身，与罗烽同行也不甚方便，况且自己有安娥照顾，不如让端木先走。

就这样，端木先行上路。

若是萧红自此顺遂，也如这些同行的男人一般，即使历经磨难，也能安享晚年，人们对于端木蕻良的责难或许不会如此深固。然而，她终究是早逝，香港病中的艰难与孤单，让端木蕻良再次背上良心的枷锁。

安娥买票的过程并不顺利,萧红不得已又在武汉滞留了一个多月。

这一个多月,她的身上只有五元钱。这一段细节,存于丁言昭的《萧红传》之中,言辞之间,有对端木蕻良的指责——端木走的时候,没给萧红留什么钱,她身上只有五元钱。

多年后,端木蕻良对此的回应也较为尴尬。五元钱的实情,的确不能抹煞,但从解释来看,他非出于本心。作为一个阔少爷,他从来没有管钱的经验,与萧红在一起的时候也是如此。端木称自己的工资都是如数交给萧红,而后由她安排花销。

可见,对比与萧军相处的事事被包办,萧红在与端木蕻良相处时已全然相反。

8月上旬,日军开始轰炸武汉。小金龙巷21号的热闹不复存在,相熟的人陆续走了,萧红几乎日夜恐慌。后来,她把行李搬到了汉口三教街中华全国文艺界抗敌协会所在地,找到蒋锡金与孔罗荪。在走廊里,萧红打了个地铺,等着船票买好。

8月的武汉,仍是酷热的天气,萧红时常穿着一件夏布长衫,坐在楼梯边的地铺上,旁边有一盘未燃尽的蚊香。

一天,故友高原因寻找自己的组织关系联系人,从延安来到武汉。高原是萧红的同乡,二人在从东京返回上海的船上相遇,自此保持着深厚的友谊。

两人席地而聊,高原听说端木蕻良脸上有明显的天花疤痕,萧红便拿出自己与端木的合影给他看。但是,谈起端木,她并不热心。

得知萧红已囊空如洗,高原把自己仅有的五元钱留给了她,并在心里猜测端木可能已经不在她身边,否则她不至于如此困窘。形同其

第十三章　新嫁娘

他的友人，高原对二萧分手，也颇多不满，此时又见萧红身陷绝境，不免"教训"了萧红几句——责怪她处理自己的生活问题太过轻率，不注意政治影响。

虽是好友，萧红亦无法忍受高原的语气，分手原是一己的心伤，又何必上升到政治高度。

地铺上的聊谈虽不融洽，但高原仍时常来看望萧红。高原的频频造访，让萧红在武汉的炮火声中稍稍安稳些心思。

高原的五元钱本是留给萧红作应急之需，却被她轻易挥霍了。

一天，蒋锡金的几个同事要他请客到冷饮店饮冰，他说，我身上没钱，如果你们请我就去。结果大家商定凑份子。不想，萧红听后一骨碌从地铺上爬起来，连忙说："我有钱，我请！"

一行人来到胡同口一家新开张的饮冰室。萧红大方地说："大家随便要。"众人各自要了刨冰、冰激凌和啤酒，一共花去两元多。萧红从手提包里拿出那张五元的钞票付账，及至女侍者送回余钱，她却摆摆手说："不要了！"女侍者急忙连连称谢，大家随即作鸟兽散。

回来路上，蒋锡金一路埋怨她假阔气，大手大脚地花钱。而在萧红眼里，反正这也是最后的钱，留着也没用，花掉它就要花个痛快。

蒋锡金批评她太没道理，日军不过是按兵不动，一旦发动进攻，武汉危在旦夕。

萧红说："那两元多钱留着也是什么作用不起，反正你们有办法我也有办法。"蒋锡金哭笑不得，转而认真地对她说："最紧张的时候，我可能人在武昌，江上交通一旦断绝，我能顾得上你吗？"萧红仍不以为然地回答道："人到这步田地，发愁也没有用，反正不能靠那两元多钱!"

在这样的环境下,萧红依然有作品完成。这个8月,她写完了短篇小说《黄河》,以及《汾河的圆月》。即使在三教街的地铺上,她也是有梦想的——到重庆后,开一间咖啡室,作为作家们写作之余休息的地方。在心里,她甚至已经对那间咖啡室的灯光、台布、器皿都有所设计。而这个时候,她实际上因沉重的身躯和虚弱的精神,只能躺身于地铺之上。

虽只是幻想,但对美的追求一直存于她心。

萧红对金钱和危难战局的无谓,让蒋锡金很是头疼。虽说之前他警告过萧红,一旦炮火重起,任凭是谁,都顾不得彼此,但他终究不是无情之人。

战局越来越紧张,武汉三镇随时会落入敌手。蒋锡金去意已决。然而,他担心战争一旦打响,身无分文的萧红将处于险境。于是,他到生活书店找曹谷冰借出一百元,又去读书生活社找黄洛峰借出五十元,说明是代萧红借的,将来由她用稿子还钱;如萧红不还,就算是蒋锡金自己预支的稿酬。

这笔钱交给萧红之时,蒋锡金将情况说明,要萧红好好保存以备逃难专用,不许乱请客,萧红苦笑着收下。

然而,挺着大肚子的萧红,待在武汉实在不妥,蒋锡金又找冯乃超商量,尽早想办法把她送走。冯乃超加紧找机会为李声韵、萧红购票入川,只是船票实在太紧张。

不久,蒋锡金与叶君健结伴去广州,临行那天中午,冯乃超、罗荪、萧红等人在江边一家酒楼为之饯行,尔后一直将他们送到徐家棚车站的渡口码头。从此,蒋锡金与萧红再也没有相见。小金龙巷的快

第十三章 新嫁娘

乐与哀愁,因吃紧的战事与各自多舛的命运,成了永久的记忆。

一个月的等待之后,船票终于到手了。萧红与冯乃超的夫人李声韵同行,抵达宜昌后,李声韵突然病倒,住进医院,萧红只得一人入川。

异乡的码头,步履蹒跚的萧红只能自己找船,可她要乘坐的船只早已开走。脚下是横乱的缆绳,她的脚陷于那些交错之中,而后被绊倒,没有了爬起来的力气。那个夜晚,她只能躺在地上,仰望清冷的夜空。甚至,她盼望着,那个腹中的胎儿因这一绊,就此离开她的身体,正好也落个轻松,只是,那个孩子并没有顺遂了她的心意。

若不是破晓时一个陌生的船夫将她扶起,萧红不知道自己是否还能起身前行。

她还是等到了第二天的船,在这座城市即将陷落的最后时刻,萧红拖着笨重的身躯,永远离开。

10月24日,日军三面围困,蒋介石正式下令放弃武汉。

第十四章 主妇生活

第十四章 主妇生活

一

早来的端木，应复旦大学教务长孙寒冰之邀，任新闻系的兼职教授，同时兼任复旦《文摘》副刊主编。

萧红抵达重庆，已是9月中旬。端木当时住在《国民公报》社的男子宿舍，萧红到重庆之后，并无容身之地，只好暂住端木的南开同学范世荣的家中。

如同不久前的逃亡武汉，重庆此时大量人口涌入，住处难找。好在朋友帮忙，萧红与端木才在歌乐山云顶寺的招待所，找到了安身之地。

一个月之后，萧红在歌乐山上完成了小说《孩子的讲演》——这个故事来自临汾的经历，那个讲演的孩子是西北战地服务团的服务兵王根，他只有九岁。到了10月末，萧红又写就了《朦胧的期待》——年轻的女佣与将要奔赴战场的主人相爱了，它的背景，正是武汉沦陷前后。

端木蕻良曾经说到，此时，二人都积累了一些素材。但是如果不是歌乐山给予的暂时的安宁，这些作品都不会么快喷薄而出。

山下，是一路向前的嘉陵江。在安静的月夜，萧红与端木也曾江上泛舟，这样的夜晚，仿佛离战事尚远，但常有寂寥袭来。

端木蕻良早于萧红先抵重庆惹来众多非议，而萧红心里亦不是不怨的。但从二人的生活细节可以看出，她对他一意照顾，大约势要将平凡的夫妻生活继续下去。

歌乐山附近的交通极不便利，端木蕻良到复旦上班，需下山渡江，江上的轮渡不甚安全，常有翻船事故，萧红只许端木乘坐汽车，绕道而行。绕远路自然需要更多的时间，而车票也不好买，这样一来，他必然每日早出晚归，二人都是辛苦的。

萧红的产期近了。

这是她第二次做母亲。然而那些百感于心，谁又能真的走进，并理解她的痛？

端木自然是指不上的。而且，在山城，语言不通，交通不便，这个孩子带给了他们难以迈过的坎儿。幸好，萧红在哈尔滨时期的老朋友罗烽与白朗夫妇也在此地，他们在江津与老母同住。

端木致信白朗夫妇，询问可否让萧红暂住江津，并由他们代为照顾。白朗很快回信，欢迎萧红前往。

这样，萧红分娩前夕，端木将她送往白朗夫妇家。

她与世界，似乎失去了交谈的兴趣，与萧军分手后的生活，萧红从未与白朗谈及，她一再进行着近乎自虐的隐藏，或许，那些能在心里承受的一切，将其暴露在阳光下，即使是面对好友的倾吐，也是一种灭顶的灾难。

虽少了言语的兴趣，但萧红的脾气，已经坏到极致，她时常将怒气发向白朗——这位自哈尔滨至今的挚友，对罗烽母亲亦是如此。白朗两难中——她理解萧红作为女子的痛楚，然而，却还需抚平老母无辜挨骂的愤懑。

1938年12月，二十八岁的萧红在江津诞下了一个男婴，据说白

第十四章　主妇生活

白胖胖，低额方脸。只是，那在肚子里随母亲奔波了十个月的孩子，不过几日便夭折了。

罗烽特地写信告知端木——产一子，已殆。不知端木接到这封信时是何感受，不过，他到底回信安慰了萧红。

据端木蕻良回忆，萧红返回后，并未提及这个孩子，端木也没有多问。说到底，那个婴孩，依旧横在二人之间，不能面对，不能触摸，他们都扭过了头，佯作看不见。

萧红大概是不想要那个孩子的。从得知他在腹内悄悄酝酿时，她就声称："不愿意多的那一点，现在多了。"一路逃亡中，她也试图去掉这"多的那一点"，都是无果而终。

白朗后来的回忆，叫人不忍听，更不忍想。

萧红产后三天，白朗早晚照拂母子二人，期间，萧红称牙疼向白朗索要止疼片，白朗带给她德国拜尔产的"加当片"——一种效力极强的镇疼药。第四天，白朗再来，萧红平静告知她，孩子头天夜里抽风死了。

那婴孩，头天还是康健无恙，怎么一夜之间就死了，白朗要找医院理论，反倒是萧红死活阻拦。

真相，或许就是那么残酷。怀着前面一个男人的孩子，却和另外一个男人结了婚，萧红不知自己以及那个无辜的孩子，该如何去面对现实的尴尬。

与白朗同居一室，萧红从未与她谈起与萧军分手后的生活和情绪，她把一切都隐藏在自己的心里，连推心置腹的故友也不肯吐露真情了。如果不是不能告人的隐痛，又会是什么？

江津一别，白朗永远难以忘记北碚码头上的情形。

握别之时,萧红凄然地说:"莉,我愿你永久幸福。"

白朗说:"我也愿你永久幸福。"

"我吗?"萧红只是一声苦笑,"我会幸福吗?莉,未来的远景已经摆在我的面前了,我将孤寞忧悒以终生!"

二

从医院返家之前,端木蕻良就向复旦提出,能否搬入学校宿舍。在孙寒冰的帮助下,他们在沙坪坝复旦农场的苗圃里找到几间空闲的平房,后来,才迁入秉庄——复旦的教授宿舍。这样一来,端木免去了绕路之苦,也可与萧红多些相处的时间。

复旦大学的临时校址坐落于黄桷树镇,小镇与北碚隔嘉陵江相望。当时的复旦约有千人,校舍简陋——大教室设在一间祠堂当中,小教室则是征用了附近的民房。不过,有许多著名作家都在这座临时的校园里担任教授,如靳以、方令儒、胡风等。内迁的复旦,仍然有着向学的氛围。

此时,萧红与端木蕻良才开始了正常的二人生活。

安顿下来之后,孙寒冰和《文摘》负责人贾开基前来探望,邀请

第十四章 主妇生活

萧红在复旦教授一两节文学课。萧红并未多想,便一口回绝,孙、贾二人一时颇为尴尬。

端木蕻良只好站出来打圆场,说与萧红再商量商量,等二人一走,萧红便对他说了自己为什么拒绝的原因——

教书必得备课,还要把讲义编好,与写小说、散文不一样。讲课时间一长,就会变成"学究",也只会写出"教授小说"。有人写小说,就有学究味儿。我不教书,还是自由自在地进行我的创作好。一些人巴不得进入大学教几个钟点的课,那是他们的事。

写作如同萧红的生命,她不长的一生中,一直对其抱有宗教般的虔诚。端木蕻良听完,不禁打趣道:"不去就不去吧,干吗把矛头对准'在下'呢?"

萧红也意识到自己口无遮拦的话无意间有了针对性,于是笑着自嘲道:"哦,我现在是教授家属,否则连住的地方还没有呢!"两人随即笑作一团。

端木除了担任复旦大学的兼职教授,还为香港《星岛日报》的副刊撰写长篇连载《大江》。

又一次,萧红与端木蕻良同往探望曹靖华,端木手中恰好拿着《大江》的原稿,上面的字迹正是萧红的手笔。在曹靖华的追问之下,萧红承认是自己帮端木誊抄的稿件。如同当年和萧军那般,萧红也在帮端木做一些琐碎的工作。曹靖华直言:"你不能给他抄稿子,他怎么能让你给抄呢?"或许,在曹靖华的眼中,一位天才般的女作家,该全力倾身于创作,怎可沦落于这些凡常的俗务。

然而，萧红就是这样。

在端木蕻良病中，她甚至为他代写《大江》。当时，戴望舒主持《星岛日报》副刊，稿件催促得急迫，代笔一事，还是端木自己向众人披露的。他说："有一次，我病了，实在不能动笔，想到戴望舒信中的嘱咐，萧红便替我写了一大段。"这一段与《大江》的原有风格，自然有些不容，但端木蕻良保留至今。

在山城的雾霭之中，萧红与端木开始了暂时平静的生活。她如一个姐姐般，文字尚且为他代写一段，那么在生活上的关照，自是事无巨细。

虽说端木在后来的回忆中，自言与复旦的师友相处甚好，然而，以前与萧红走得近的朋友，似乎依然对他心存偏见。

在复旦的时日，最初，萧红常去胡风处走走如果是她一人前去，则与胡风相谈甚欢，但如果端木同来，空气里总有凝重的味道，其一是胡风不愿意多说，其二为萧红不敢随便多说。

萧军自兰州与王德芬新婚后，在他的日记中，萧红仍偶有出现；在与胡风等人的信件交流当中，他时常提及以前交往的圈子，甚至没有忘记骂端木蕻良。

一天，萧红造访胡风住处，正好萧军有信自兰州来，信中还有一张照片——萧军与年轻的王德芬坐在山下河畔的石头之上，两人脸上都是笑意，身边还有一条黑狗。信件的字里行间，是萧军忍不住宣泄的幸福。

可见，失恋的苦痛，还是因为青黄不接，只要有能爱得上的人等候在下一个路口，多数的期期艾艾，片刻间一扫而光。

正当梅志为萧军的幸福感到欣慰之时，萧红气喘吁吁地爬上了阁楼。闲谈之中，自然不能错过萧军的来信，梅志也未曾多想，就从抽屉里抽出那封刚刚到手的信件。

第十四章 主妇生活

萧红看得仔细,翻来覆去,那张照片也是看了正面看反面。照片的反面有一行字:这是我们从兰州临行前一天在黄河边"圣地"上照的。那只狗也是我们底朋友……

随后,她面无表情,一声不响,只是拿着照片,石雕似的呆坐着。

或许,她的翻来覆去,只是想从那熟悉的字句间,找到一丝关于自己的问询,哪怕一丝,也有所满足。

见此情景,梅志有些发慌、后悔。大概,她原以为萧军有了自己的幸福,而萧红也和端木携手前行,各有归属的一对,对往事该有心平气和的看待。

然而,不是这样。

萧红愣了一会儿,便几近木然地走了,临走前说:"那我走了,同F说我来过了。"

随后,便加快了脚步,逃走一般。

三

从东北那个贵族家庭走出的端木蕻良,总免不了他的少爷习气,在战乱时代的婚姻生活中,他一如既往地施展着他的孩子气。

我贪恋这泥淖里的温暖：萧红传

友人在后来的回忆中，总提及端木的孩子气，言语间却又为萧红鸣着不平。萧红的日本朋友绿川英子曾提及一段往事——早在从武汉逃难重庆之时，绿川曾在武汉的码头上，见夹在一群逃难的人群当中的萧红，大腹便便，自己撑着伞，拖着笨重的行李，而旁边正是轻装的端木，他并未向她伸出援手。端木蕻良早于萧红抵达重庆，那么这一次，该是萧红去码头送行的时候吧。

端木曾自诩自小便懂得女人，这懂得，也许只是春光中的你侬我侬——只能享得安闲却无法同赴磨难。

又是山城的一个寻常日子，但不寻常的是，太阳驱散雾霾，正好晾晒衣物以及将要发霉的精神。

端木准备打开仅有的玻璃窗户，享受一下明媚阳光。这时，邻家的女佣将一双旧鞋子搁在他对面的窗台上。一双鞋子，可煞了端木眼前的风景。他猛然推窗，将那一双鞋子扇下楼去。在窗台放鞋子的女佣，在主人家还颇为得势——重要的是，她这位主人当时颇有势力。借着主人的威风，那女子便打上门来。

端木蕻良开门，并无言语，一巴掌将那女子推出门去。那女子自然不肯服输，便在院落里撒起了泼。

此时的端木，倒是无所谓，直接关起了门，任她在院里泼骂。可萧红怕了，她担心，搞僵了与邻里的关系，以自己的文弱之躯，日后如何面对这强悍的本地女人。

萧红无计可施，便跑到楼上去求靳以帮忙。靳以耿直乐善，他耐心听取了萧红的陈述，并陪同她去镇公所抑或其他机构，了结了这一桩纠纷。

这一段生活的插曲，很好地反映了萧红在重庆，作为一个家庭主

第十四章　主妇生活

妇的状态。

　　因靳以亲身参与了端木与他人的纠纷，对端木便形成了长久而固化的印象。在靳以的叙述中，萧红是整天在崎岖的路上奔走的那一个。

　　在炎阳下跑东跑西的是她，在那不平的山城中走上走下拜访朋友的也是她，烧饭做衣裳是她，早晨因为他没有起来，拖着饿肚子等候的也是她。还有一次，他把一个泼辣的女佣人打了一拳，惹出是非来，去调解接洽的也是她。

　　而端木，好像一如既往，留着长发，保持着他艺术家的风度，早睡晚起，掩门闭户，将外头的烦扰交由萧红。
　　萧红当然有她的不满。陪同那女佣去验伤，回镇公所回话，以及赔钱了事的种种程序，都是她在奔走。
　　"好像打人的是我不是他！"然而，即使抱怨如斯，她仍如大姐般，照料着端木的饮食起居，以及写作。
　　大学教授打了泼妇，教授夫人出面收摊，立即成了小镇的新闻。梅志也有所耳闻。
　　一天，邻居复旦会计系主任就此事嘲笑道："张太太，你们文学家可真行呀，丈夫打了人，叫老婆去跑镇公所，听说他老婆也是文学家，真贤惠啊！"
　　梅志一听就知道是在说萧红，起初还不相信，质疑对方是否"搞错了"，不想那主任却说："哪会搞错，现在哪个不知，哪个不晓呵。"梅志心想萧红又遇到极不如意的事情了。

后来，她在码头遇见等船的靳以，谈起萧红，梅志从中了解到更多细节。说起萧红和端木的生活情形，靳以情绪激动，面红耳赤，甚至有些愤怒。

四

与池田夫妇上海一别，萧红并未想到他们能在重庆重逢。

萧红的同性友人不多，除却白朗，大概就是池田幸子，如果说到许广平，那大约还有尊崇，少了闺蜜之间的亲密。

池田幸子与萧红在上海期间，就交游甚密，她知道萧红的情感苦闷和心灵伤痛，然而，她不明白萧红为什么在男性面前如此隐忍、柔弱。

身居山城之时，池田曾多次在与绿川英子谈起萧红时感慨万端："进步作家的她，为什么另一方面又那么比男性柔弱，一股脑儿被男性所支配呢？"

武汉陷落后，池田幸子来到重庆。那时，鹿地亘在外地忙于反战反日同盟的宣传工作，池田幸子身怀六甲，也是只身赴渝。同时，绿川英子也与丈夫来重庆避难。

池田幸子住进了米花街小胡同，听说萧红也在重庆，欣喜不已，

第十四章　主妇生活

立刻邀她前来同住。

早在萧红与萧军分手并着手返回武汉之时，一个重要的促因便是池田幸子的邀请。

1938年3月，鹿地亘和池田幸子应郭沫若之邀从香港来到武汉，在即将成立的国民政府军事委员会政治部第三厅担任设计委员。鹿地夫妇生活条件大为改善，参加活动以及日常外出多由胡风陪同担任翻译。

萧红和端木重返武汉后，萧红直接找到胡风约见池田幸子，当晚萧红决定搬到池田幸子处暂住。

然而，过了两天，池田幸子前来向梅志大发牢骚，对象自然是萧红："我请她住在我家，有一间很好的房子，她也愿意。谁知晚上窗外有人一叫，她跳窗逃走了。"之后，又气恼地补上一句："呵，像夜猫子一样，真没办法！我真的没办法！"

对于萧红和端木结合的不理解，池田保持与胡风和梅志的同步——他们都不明白端木蕻良身上到底是什么吸引了萧红，以致她如此狂热。

相比萧军，端木是怯懦的，不过这怯懦之后，也不乏温和的绅士派头，这也是端木所特有的地方。

同是女人，池田当然看到了这些，可她依旧不能全然理解，如梅志一样，以为萧红"竟爱上了一个她并不喜欢的人"。

绿川英子也早已熟知萧红，但是她们尚未成为朋友。

1935年，绿川在东京结识中国东北留日学生刘仁，次年秋，她不顾家人反对与之举行婚礼。1937年1月，刘仁离开日本回国，积极参加反日斗争，绿川英子虽然非常希望能够和丈夫一起前来中国，但当时日本法律规定，女子二十五周岁以前结婚，必须取得家长同意。

为了不给父母和家庭带来麻烦,她于当年4月,亦即满二十五周岁的后一个月,在朋友帮助下离开日本,只身来到上海。

绿川英子来上海不久,"八一三"的炮火迫使她在法租界辗转躲避。其间,她曾很偶然地与萧红做了一个多月的同屋房客。

她们在共用的灶间烧饭、洗衣服之时,多次碰面。绿川见过萧红几次,虽无直接交谈,但萧红那衔着烟嘴的面容,"巨大"的眼睛,以及在楼上响亮的谈话声,给绿川留下深刻印象。

上海沦陷后,绿川夫妇流亡香港,1938年返回武汉。在郭沫若的推荐下,绿川进入中央电台,担任日语广播员。不久,日军特务机关查出绿川的真实姓名。1938年11月1日,在东京的《都新闻》上登出其照片,称其为"娇声卖国贼"。武汉失守后,绿川英子夫妇随政府机关迁到重庆。

1938年12月的一天早晨,晨雾未收,山城的房舍与树木依旧隐身于白茫茫的雾气当中。

在重庆一条街道上,萧红与绿川"正式见面"。

那是个足够早的早晨,路灯的光尚未收起,萧红与绿川站在透着湿漉漉雾气的灯光之下。

在绿川英子的眼中,萧红一如既往——闪烁着"巨大"的眼睛,发出响亮的声音。然而,静下心来再细看,虽仅隔一年,她仍在萧红身上看到了乱世流经的沧桑,恍如隔世。

也许,战乱岁月,人人如此。在炮火中奔走,时代的阴影投射于每一个行走其中的人,即使隔日相见,仍觉如三秋数年。

这个时候,萧红身材已基本恢复,虽然看起来还是虚弱,但脸上是藏不住的奕奕神采。那件她自己缝制的黑丝绒旗袍穿在她瘦削的身

第十四章　主妇生活

上,在晨雾的空茫与街市的杂乱之间,萧红是独有的艳丽。

绿川禁不住夸赞:"你的名字漂亮,你的文章也漂亮,而你本人更漂亮!"

萧红报以娴静的微笑。

在战乱中辗转,萧红慢慢收起那份来自北方的"粗野",此时,她更像一位女作家,青春的直接了当,在岁月流逝中逐渐掩于所谓的优雅之下。

住处难寻,绿川夫妇接受池田幸子的邀请,住进了米花街小胡同。

这样,绿川与萧红渐渐熟悉起来。

这是一段难得的悠闲岁月。在三个人的谈天中,萧红是重要的角色,她常抽着烟,也会喝点酒,爱说也爱唱。

池田幸子预产期渐近,不便自由外出,萧红便为她煮自己拿手的牛肉。不过,说到孩子,萧红难免流露伤痛。

与池田、绿川共住几天后,萧红回到歌乐山上。绿川英子后来在文章中写道:"后来,萧红就离开我们和端木去过新生活了。"

萧红走后,池田和绿川仍常常谈起她。那日武汉码头萧红与端木同行的情景,就是在这个时候由绿川讲出。那细雨,那蚂蚁般的人群,萧红的大腹便便,笨重的行李……当然,还有轻装的端木蕻良。这些让萧红在绿川心中留下永久的心痛。

绿川英子夫妇后来至学田湾居住。其后,看到萧红那"巨大的圆眼睛"、听见她那响亮的声音的机会亦日渐减少,直到萧红和端木搬到黄桷树镇,从朋友们的视野中消失。在绿川看来,他们"自囚在只有他们两人的小世界中",尔后"就有他们的谜样的香港飞行"。

抗战胜利后,绿川和丈夫带着儿子一起奔赴东北,在哈尔滨担任东北社会调查研究所研究员。

　　解放战争迫近,他们一家撤退至佳木斯。刚生完女儿的绿川英子,不久发现自己再次怀孕。为了不影响工作,决定做人工流产手术,手术中不幸被感染,随后病情恶化,于1947年1月10日逝世,走完了三十五岁的生命历程。

　　与萧红同样早逝的绿川,终是与萧红不同,她有一个爱她的丈夫,磨难之中,不离不弃。过度伤痛的刘仁,在绿川逝世一百天后也因病辞世。他们合葬在佳木斯——那里,正是萧红一生都回不去的故土。

五

　　生活在黄桷树镇之时,萧红与端木蕻良的经济情况已经相对宽松,还雇了一位年龄不大的佣人。然而,在很多人的眼中,萧红依然是劳碌的——大约,只有事事亲自操持,她才可安心。

　　有艺术家气息的端木,自然深受学生欢迎,他身上的叛逆与不羁,大约正是学生所渴望而又未曾去践行的。因而,不少复旦学生都与端木交好,还会到家里做客,这样一来,他们与萧红也熟悉起来。况且,作为知名作家,萧红的《生死场》等作品也为学生所熟知。

第十四章　主妇生活

萧红的劳碌，他们是看在眼里的。

来自东北的女学生苑茵与萧红交好，她曾写有一篇回忆文章《忆黄桷树和萧红》，记录了萧红当时的生活。她们相识于复旦大学学生组织的"抗战文艺习作会"，苑茵眼中，萧红"脸色淡白，时常干咳。身体虚弱无力，已经有肺病的象征，但她每天除了写作，还得做家务，很少休息"。

近六十年后的1996年，端木在接受采访时曾经提到这段生活。对端木而言，那时的生活是宽闲而富足的，萧红周旋于厨灶间，做她拿手的菜式——炸牛排、罗宋汤，除了这些，还有日本料理。萧红做的日本鸡素烧，让端木在多年后依旧难忘。

过去的漂泊年月，萧红向萧军诉及的是离殇，而在端木的面前，她几乎将心底的旧疾覆盖，只拣出一些衣食的美好，与他分享。甚至，北方那些粗犷的面食，她也不曾再次端出了——比如上海时期，在鲁迅寓所做的那些葱油饼与韭菜合子。与端木同行的生活，到底洋派了许多。

虽是劳碌，但于他们，1939年毕竟又是相对安定的一年。

重要的是，主妇萧红并没有就此沦于琐碎的日常生活，她仍旧从繁忙中挣脱而出，完成了一些极有分量的作品。其中，最重要的文字，自然是《回忆鲁迅先生》。

1939年10月，鲁迅先生逝世三周年。

先生病逝时，萧红身居东京，虽哭声不能与众人"混在一道"，但她仍有《海外的悲悼》。

次年9月，战火已烧到脚下，萧红与萧军匆忙从上海逃亡武汉，她仅有《万年青》与《在东京》来缅怀逝去的魂灵。

到了1938年的秋天,萧红身处江津,艰难地捧着便便大腹,或许,心里还有各种纠结,也思虑着腹中孩子的命运……

三年过去,鲁迅先生长眠,而萧红依旧周旋于命运的苛待,上海往事亦时时浮现,那是对鲁迅先生的怀念,也是对自己过往人生的怀念——那段时日,虽是艰难穷困,可是,有炽热爱情以及对未来的无限希望,甚至,命运中小小的伤,也不足提及。

如今,身在山城几乎闭锁的小镇,昔日的朋友虽如洪流涌来,但毕竟时过境迁,各种误会几乎阻断了友谊。黄桷树镇的生活,总归是安静寂寞。

萧红开始着手写作怀念鲁迅先生的文章,这是她自己的意愿,也是应多家报刊之约。

她病弱的身体,更是每况愈下了,将来夺了她生命的肺病,已酝酿于身体之内。为了不耗费过多精力与体力,萧红请复旦大学的学生姚锛帮忙作部分记录。

连续几天,他们坐在黄桷树镇的露天茶馆中,萧红讲,姚锛记。头顶是参天的树,脚下是嘉陵江水。

往事,从来不会如烟。

1939年9月22日,《鲁迅先生生活散记——为纪念鲁迅先生三周年祭而作》完成。这篇文稿先后刊登于重庆《中苏文化》、新加坡《星洲日报》副刊《晨钟》。当时,主持《晨钟》的郁达夫曾附言——萧先生所记者,系鲁迅晚年的生活,颇足以补我《回忆鲁迅》之不足,请读者细细玩味,或能引起其他更多关于鲁迅的记述,那就是我的希望了。

而后,萧红又写出了《记忆中的鲁迅先生》《记我们的导师——

第十四章 主妇生活

鲁迅先生的生活片段》（回忆录）。

10月下旬，《回忆鲁迅先生》完稿，其内容多为以前作品中所提及。萧红将稿件寄往上海，请许广平审定。

当时，重庆的妇女生活社着意为萧红的回忆鲁迅系列文章出单行本，但萧红觉得略显单薄，后将许寿裳的《鲁迅的生活》与许广平的《鲁迅和青年们》收入其中。

时至今日，仍是只有萧红的《回忆鲁迅先生》在大批回忆文章中独树一格，她以女子的视角与个体的感受，从细处描摹一个文学巨匠的伟大之处。她在文字中，走入鲁迅在大陆新村的寓所，将目光落于先生的案头、厨屋、床头。

或许，鲁迅先生只有在萧红的笔下，才是活生生的，虽她并未写及他笔锋的思想、治学，以及治世主张。

鲁迅的枕边，有一张小画，画上的女子，穿长裙飞扬着头发，画面的边缘，有小小的玫瑰——这样的画面，只有在萧红的笔下才能看到，甚至，连许广平都不知道鲁迅为什么常看这幅画。

这样的描述，曾引起人们无限的联想。其实，他们之间，只是彼此懂得。也只有萧红这般敏锐的女子，才能捕捉抑或说是洞察到一个文学导师心底暗暗的温情。

战乱与病痛，磨蚀着萧红的青春，在那个男婴不明就里地失去后，萧红的心大约更是伤痕累累。身在江津之时，萧红曾对白朗说："贫穷的生活我厌倦了，我将尽量地去追求享乐。"

或许，说出这话时，她已在心里明了了命运的去往。

萧红所谓的"享乐"，不过是在写作、写信之余赶制了一件一件黑丝绒旗袍。这样的一件旗袍，后来时时穿在萧红的身上，让她成为复旦校园里靓丽的一抹风景。

　　然而，有些疲与乏，永难掩饰。

　　梅志时常在下午到复旦大学收发室取报纸，逼仄的小镇里，遇到萧红与端木蕻良也是常有的事。

　　正是深秋时节，那一天，端木照旧穿着那件咖啡色夹克，斜肩低首，走在前面，萧红在端木的后面，不远不近地追随着。多数时候，萧红穿着旗袍，从后面看，背影越发消瘦了些，虽依然是少妇风韵，但已然与上海时那个高大明亮的北方姑娘，很不一样。即使二人并肩，也了无西安时期那登对的笑靥。

　　然而，即便是这样的若即若离，如果一直持续，也是美好的。

第十五章 命殒香江

第十五章　命殒香江

一

颠沛，仿佛是萧红一生注定的状态。如果能久居异乡，慢慢地，异乡也将有故乡之感。然而，萧红全然没有这样的福分。

1939年的下半年，重庆几乎难见到艳阳。日本侵略者继续向西拉开战线，开始轰炸重庆。在常年的雾气之外，抬头望向屋檐的高处，就能看见日本人的飞机在肆虐轰鸣。

北碚是日军重点轰炸的地区，据传日军的情报机构探测到此处有一个国民党军的弹药库。

渝中难行，但日本人从天空撕开了进入这座城市的口子。

向西，向南，再走，还有哪里能容身求全？

萧红与端木的写作仍在继续。原本，他们对炮火的轰鸣已不甚敏感，然而，大概日军久未找到那个炸药库，便由白天的侵袭改为不分昼夜的骚扰。

那么，只有继续走罢。

离开重庆，还能去哪里？

摆在萧红和端木蕻良面前的，有两个去处——桂林和香港。

武汉陷落后，大批文化人出走，在萧红和端木蕻良来到重庆的同时，另有一波人抵达桂林。在萧红与端木蕻良筹谋再次出走之时，舒群、艾青、鹿地亘等人已在桂林。因而，端木更倾向于前往桂林。在与华岗谈论此事时，华岗以为桂林也将难免战火，不如去香港。萧红更倾向于华岗的意见。同时,端木的《大时代》正在香港报章连载,而复旦大学的教务长孙寒冰也推荐萧红与端木蕻良前往香港编辑《大时代文艺丛书》,综合考虑,香港似乎是更好的去处。

1940年1月17日,萧红与端木匆忙离开重庆,飞抵香港。

原本,这一次的离开要在大约一个月后,但托朋友买机票的过程却是前所未有的顺畅。因为,这位朋友在银行工作,他可以买到银行保留的机动舱位。

萧红与端木蕻良几乎未曾与朋友告别,甚至把退房与辞退保姆等琐事也交由他人办理。

匆匆,萧红走向人生的最后一站。

他们的匆忙离开,势必引起朋友的非议。胡风在写给许广平的信中就提到此事。萧红在给华岗的信中说——

……说我秘密飞港,行止诡秘……我想他大概不是存心诬陷。但是这话说出来,对人家是否有好处呢?绝对没有,而且是有害的。

华岗对萧红所受的流言伤害进行了一番劝慰,并表示愿意代她解释。然而,萧红拒绝了:

世界是可怕的,但是以前还没有自身经历过,也不过从周先生的文章上看过,现在却不了,是实实在在来到自己的身上了。当我晓得了这事时,我坐立不安的度过了两个钟头,那心情是很痛苦的。过后一想,才觉得可笑,未免太小孩子气了,开初而是因为我不能相信、纳闷、奇怪,想不明白。这样说似乎是后来想明白了的样子,

第十五章 命殒香江

可也并没有想明白,因为我也不想这些了。若是越想越不可解,岂不想出毛病来了吗?你想要替我解释,我是衷心的感激,但请不要了。

患难的友人,终归生了隔阂。更为遗憾的是,这种隔阂再无弥合的机会。

在朋友们看来,萧红与端木蕻良突然赴港,大有躲避之嫌。

而萧红一向坚持——支持抗战不只是流于口头,每个人应尽自己本分,作为作家应该写出无愧于时代的作品。那么,手无缚鸡之力的写作者,找一处安宁之地,为抗争鼓足精神的动力,未尝不可。

萧红死后不久,张梅林在《忆萧红》里透露了萧红所解释的赴港动机:

她的飞港颇引起一些熟人的谈论,后来她来信说明飞港原因,不外想安静的写点比较长些的作品。抗战以后她是只写了点散文之类的。

事实上,萧红的动机就是这么简单。

"皖南事变"后,香港成了许多文化人的走避之所,包括胡风在内的许多文化人,在中共地下组织的帮助下纷纷从重庆、桂林、昆明等地去往香港。

二

隆冬季节，香江却和煦如春，战争笼罩下的荒寒与惶恐似乎一夜之间消失了，萧红终于找到一个可以安心写作的地方，太多的写作计划现在可以抓紧时间一一实现。

谁又想到，这平静与和煦之下的岛城，竟是她与世辞别之地。

抵达香港后，萧红与端木蕻良先是暂住九龙金巴利道诺士佛台，后又迁到乐道8号，两处皆离时代大书店不远。

安顿好之后，二人在住处接待了戴望舒与其夫人穆丽娟。因端木的文章在戴望舒所主持的《星岛日报》副刊连载，二人神交已久，一见如故。第二日，戴望舒又专门接萧红与端木去他所住的"林泉居"做客，并欢迎萧红夫妇前来同住。

"林泉居"幽深安静，很适合写作，但端木因风湿病发，不能每天爬上这座居所之外的山路，也就谢绝了戴望舒夫妇的好意。

初到香港的日程是忙碌的。参加香港本土文坛的欢迎会，去女校作讲座，参加因战事迁港的岭南大学文艺座谈会……

各种活动的间隙，写作一直在进行。萧红开始了《马伯乐》的写作，而端木蕻良则开始编辑"大时代文艺丛书"。

其实，匆忙来到香港，萧红与端木并无多少朋友，虽然这里有山水，有花香与鸟鸣，但总有"梁园虽好"的喟叹。

第十五章 命殒香江

正因如此,初到之时,萧红总想着回重庆,这片土地让她总以为是离了故土,若不是文章尚能写下去,她真是待不下去。

这一时期,华岗是二人最为推心置腹的朋友,在信件交流之中,他们总讨论如何"走路"的话题。在萧红看来,香江并非安居之地,可如何走回去,已是摆在面前的难题——昆明不好走,广州湾不好走,大概要去沪转宁波回内地。不知沪上风云如何,正在考虑。

在这走与留的彷徨中,萧红与端木慢慢开始安定下来。

香江并不似重庆那么大的雾,所以气候很好,又加上住此渐久,一切熟习,若兄亦能来此,旅行,畅谈,甚有趣也。

这是次年2月,萧红致信华岗的内容。在漫长的磨合中,萧红终于与这岛城有了统一的步调。

乐道8号的二楼,萧红与端木写作、编辑刊物,日子也过得充实。

慢慢地,这一处居所,就多了来往的人。当时,旅居香港的内地作家并不多,萧红与端木就显得十分夺目,朋友路过,总会驻足倾谈。胡愈之、耿济之、杨骚等人,都曾得到萧红与端木的热情招待。同时,他们在香港本地的朋友圈,也扩大起来。

周鲸文就是其——这位美国密歇根大学政治系毕业的同乡,正在香港主办《时代批判》半月刊。他们一见如故,不久便开始筹备大型文艺刊物《时代文学》,为从内地逃难至香港的文化人创造一方活跃的园地。这一设想得到了很多人的赞同。1941年6月1日,《时代文学》创刊,周鲸文、端木蕻良担任主编,《时代文学》总共出版了六期,最终与香港一起沦陷。

与周鲸文的相识,也让萧红与端木蕻良的香港生活,有了最后的见证者。

我贪恋这泥淖里的温暖：萧红传

1940年是萧红创作生涯的巅峰之年，这一年，她完成了最重要的作品《呼兰河传》，另一部长篇《马伯乐》亦有进展。

1940年12月，《呼兰河传》完稿。因为这部小说，"呼兰河"与"萧红"成为文学史上一对耀眼的名词。

那边地小城的日常生活，符号般成为永恒。

老祖父、有二伯、冯歪嘴子、王大姐——萧红把童年的记忆打包，史诗般叙述了人以及人生。这部作品仅用去了萧红一年多的时间。为了最后的光芒，萧红要拼尽气力。

我第一次看见河水，我不能晓得这河水是从什么地方来的？走了几年了？

那河太大了，等我走到河边上，抓了一把沙子抛下去，那河水简直没有因此而脏了一点点。河上有船，但是不很多，有的往东去了，有的往西去了。也有的划到河的对岸去的，河的对岸似乎没有人家，而是一片柳条林。再往远看，就不能知道那是什么地方了，因为也没有人家，也没有房子，也看不见道路，也听不见一点音响。

我想将来是不是我也可以到那没有人的地方去看一看。

一部《呼兰河传》，让一条名声并不浩大的北方的河，成了世间的一种永恒，即使改道、泯流，它还将继续存在于萧红的叙述中，并继续流淌于无尽的精神长河。

对于萧红而言，她终究去看了河对岸没有人的地方，亦看过祖国大地那些人来人往的地方。

萧红的天才在于，她总能捕捉到人最深处的情感，无论何时捧起，

第十五章　命殒香江

总是常读常新。

1941年初，美国作家艾格妮斯·史沫特莱途径香港，早在20世纪30年代，她就在鲁迅的介绍下与萧红相识。香港文学界的朋友为史沫特莱设了一个小型的欢迎会，萧红正是主席。

史沫特莱于香港逗留的一个月间，时常跑到萧红与端木的住处探望，那一居室的房子，在她看来，无比促狭，而萧红的身体，也在岛城潮湿的空气里每况愈下。

史沫特莱将萧红接到她所住的玫瑰园小住，暂时改善一下她的生活和工作空间。

在玫瑰园，萧红继续创作，不久，完成了《马伯乐》的后半部第九章。

《马伯乐》是萧红根据自己的经验、道路以及内心挣扎的历程写就的一部小说，不过，小说的主人公是男性。当时女性生活的局限性，让她必然让一个男人去承担她对世界的观照——马伯乐是一个战乱时期左右摇摆的知识分子形象，他自卑又自傲，悬于口头上的道德，在自身利益面前，终究如浮云散尽。马伯乐的口头禅为"到那时可怎么办"，他由生活安逸的绅士堕于疲为奔命的难民——这正是那个时代的真实。

关于小说的名字，萧红接受端木蕻良的建议，最终定为"马伯乐"——是马，又是伯乐，足见其间蕴含的嘲讽。

1941年7月，萧红的《小城三月》发表于《时代文学》，其中的插图，出自端木手笔。

三

> 我总是一个人走路,以前在东北,到了上海后去日本,现在的到重庆,都是我自己一个人走路。我好像命定要一个人走路似的……

这是萧红在重庆时,对梅林抒发的怨语。

到了香港,她与端木终有相伴的生活,然而,这样的日子,还是很快到了尽头。

1941年,萧红的身体日渐衰弱,不过,她一直在坚持,维持着她作为一个姐姐、一位主妇的形象。

史沫特莱对国际局势看得更为全面,在她眼里,日本人必然要进攻香港及南洋,从4月算起,香港顶多能守月余。

香港,虽暂时安宁,也绝非久居之地。之前,是萧红执意要走;如今,是她不得不走。

然而,萧红的肺病,阻碍了他们离港的脚步。史沫特莱通过自己的关系,安排萧红住进了香港最大的公立医院——玛丽医院。

一个月之后,香港依然完好,噩运的到来,并未如史沫特莱预测的那么快。

7月,萧红的失眠和咳嗽加剧。

月中,在湿热的夏天中,萧红再次住进了玛丽医院。当时,对肺

第十五章　命殒香江

结核的最新疗法是打空气针——将新鲜的空气注入肺部，以慢慢吹开结核。然而，萧红此次住院，并未收到预期的效果。

未治疗之前，萧红尚能行动工作；经医治之后，她反倒行动不便，咳嗽加剧，不得不常住医院了。周鲸文目睹了萧红的颓路。

不能不说，萧红的文学甚至生命，总因鲁迅而焕发生机。

10月，端木在纪念鲁迅逝世五周年的活动中，结识了柳亚子。若无柳亚子等人相助，这个关口端木和萧红势必过不去。他们已经承担不起高昂的住院费用，除了史沫特莱临行前留下的赞助与于毅夫的倾囊相助，柳亚子因萧红的病情专门约谈周鲸文，希望他能有所援助。

身在医院，萧红的心绪亦是烦躁的。玛丽医院的三等病房设在三面临海的阳台上，但萧红不习惯这样的透彻，心怀露宿的仓皇。

不得不说，萧红病重，或许让孩子气的端木有所成长。之前，萧红与端木的爱情，只合春光旖旎。如今，在萧红生命的最后，他不得已多了承担和直面的勇气。

一个午夜，身在九龙的端木蕻良接到医院的电话，对方声称萧红病危。那个夜晚，台风来袭，船只停航，码头上只有他一个人。后来他高价找到了渡船，赶到医院，发现萧红无恙。原来，医院的电话打错了。见到端木，萧红提出回家的要求，不久，端木就将她接回住处。

此时，已是11月下旬。萧红这次入院，医疗费由周鲸文开支。当从端木处得知萧红出院时，他为萧红的健康倍感担忧。随后，周鲸文与夫人同去看望萧红。

端木慢慢摆脱他的孩子习气，周鲸文是看在眼里的。

周鲸文的笔下，曾有这样的故事——1940年圣诞节前夕，萧红一个人带了一只圣诞蛋糕到他的家里。她爬了一段山路又登了一大节楼梯,累得气喘吁吁,在屋里坐了好一阵子才平复。这时,周鲸文感觉到萧红的身体很虚弱。同时,他和他的夫人都很纳闷:为什么端木蕻良不陪同萧红一起来,而让萧红一个人走这么远的路?

由此,他和他的夫人开始注意端木和萧红的关系。一年多的时间,他们得出这样一个结论:端木虽系男人,还像小孩子,没有大丈夫气概。萧红虽系女人,性情坚强,倒有些男人气质。所以,他们的结论是,端木与萧红结合,也许操主动权的是萧红。

近一年过去,端木开始学会记挂家中病重的妻,朋友邀约吃茶,端木常言:"出来很久了,家中只有萧红,要早点回去。"

病痛让萧红无眠。端木请来了在《时代文学》担任编务的袁大顿,与他一起将萧红的病榻移动到更为舒适的位置。有时,为了让萧红睡得好些,他还会像摆动婴孩的摇篮一样,摆动着萧红的床铺。

这些细节,在袁大顿等人后来的回忆中,依然清晰无比。

一次,柳亚子前来乐都路8号看望萧红,两人慕名已久,相谈甚欢。正巧,那日也见端木蕻良轻摇萧红病榻,与她聊天解闷。此情此景,让柳亚子提笔写下《赠蕻良一首并呈萧红女士》——

　　谔谔曹郎奠万华,温馨更爱女郎花。
　　文坛驰骋联双璧,病榻殷勤伺一茶。

以柳亚子的为人与名望,未必去逢迎端木蕻良与萧红,所以,这病榻前的温暖,该是实情。

与柳亚子的相识,是萧红人生最后的温暖之一。12月初,柳亚子再次造访,萧红写下了"天涯孤女有人怜"的语句。

第十五章　命殒香江

四

1941年9月中旬，骆宾基到香港，因无处落脚，便向素未谋面的东北老乡端木蕻良求助。端木将其安排进《时代批评》的职工宿舍。

除此之外，端木对这位老乡的文字也有所照顾，他还从《时代文学》上撤下了自己的长篇连载《大时代》，换上了骆宾基的小说《人与土地》。

也正是基于对骆宾基的信任，让他日后将病重的萧红交与骆宾基照料，那是萧红病后的四十四天。这又是另外的故事和另外的纠葛。

萧红的写作已无法为继。

10月底，《时代批评》的编辑袁大顿来医院探望，告知萧红《马伯乐》部分积稿，到11月1日出版的《时代批评》第4卷第82期就全部刊完了，并问续稿该怎么办。

萧红听后，神情一怔，继而不无感伤地说："大顿，这我可不能写了，你就在刊物上说我有病，算完了吧。我很可惜，还没有给那忧伤的马伯乐一个光明的交代。"

因为萧红病重，《马伯乐》续编只写到马伯乐一家流浪到汉口，一共九章，他们的下一个目的地自然是重庆。这部未竟之作的最后一句话是："于是全汉口的人都在幻想着重庆。"

1941年11月中旬，《时代批评》发出声明——

我贪恋这泥淖里的温暖：萧红传

> 萧红女士的长篇《马伯乐》因患肺病，未能继续，自本期起，暂停刊载。于此，我祈祝作者早日健元，并请读者宥谅！

《马伯乐》的最后一篇标注"第九章完，全文未完"，这"未完"，成为永久的遗憾。

战局的发展终于还是如史沫特莱所料的那样。1942年12月8日，日军突袭美国太平洋海军基地珍珠港，日本政府随即对英美宣战。

太平洋战争爆发。迫不及待的日军在12月8日上午就向香港投放了炸弹。病患之中的萧红，已无法忍受这飞机的轰鸣与爆炸声。

柳亚子的女儿柳无垢曾回忆当年萧红的失措，为安慰萧红的病体，柳亚子冒着空袭的危险，前往乐道去看望萧红。"萧红害怕得要命。她要我陪她，不放我回来，我要她安心，别那么害怕，并且告诉她在这年头，死极容易，生才偶然，别那么害怕，但她总不能平静，说她自己也做不来主，总害怕得什么似的。"

或许，那些怕，是生命的最后，对生的期盼。生命的尾声，萧红已经意识到了命运的不可把握，因而惶然无措。

就在这一天，骆宾基原本打算辞别香港，另觅安静的去处。但端木邀他前来和自己一起照顾萧红。

此后的四十四天，萧红开始了与另外一个男人的故事。

骆宾基在《萧红小传·修订版自序》里说：

> 从1941年12月8日太平洋战争开始爆发的次日夜晚，由作者护送萧红先生进入香港思豪大酒家五楼以后，原属萧红的同居者对我来说是不告而别。从此以后，直到逝世为止，萧红再也没有什么所谓可

第十五章　命殒香江

称"终身伴侣"的人在身边了。而与病者同生同死共患难的护理责任就转移到作为友人的作者的肩上再也不得脱身了。

从骆宾基的言语之间,可以看出他对端木蕻良的态度,且如同其他人对端木的称呼一样,未有直呼其名的郑重,而称之为"同居者",似乎刻意忽视了端木蕻良是唯一与萧红举办过婚礼的人。

正如骆宾基所说,12月9日凌晨,在周鲸文的帮助下,端木蕻良与骆宾基将萧红从九龙转移到香港,住进香港思豪大酒店五楼的一间客房。

但是在骆宾基一己的说法之外,周鲸文等人见证,从思豪酒店搬出之后,端木蕻良也是和萧红一起四处辗转的。

端木在思豪酒店将萧红安顿好后,因有骆宾基照顾,不久便离开了。

四周慢慢趋于平静,骆宾基便向萧红告辞要返回九龙抢救其《人与土地》的手稿,那是他两年来的心血。萧红内心虽然消除了战争伊始那种几乎无法克服的恐惧,但还是非常害怕身边没人陪伴。她不想骆宾基离开,躺在床上对他说:"英国兵都在码头上戒严,你为什么冒险呢?"

"我要偷渡。"骆宾基回答说。

"那么你就不管你的朋友了吗?"

"还有什么呢?我已经帮你安排好了。"

"你朋友的生命要紧,还是你的稿子要紧?"

"那——我的朋友和我一样,可是我的稿子比我的生命还要紧。"

"那——你就去!"

"那是自然的。"

听完骆宾基最后一句话,萧红把脸埋了过去。

一边是需要抚慰的萧红,一边是凝了心血的书稿,可是,端木去了哪里?他弃她而逃了,还是仅仅忙于奔走?骆宾基一脑子的怨念,他难以抉择。

想到这里,骆宾基更真切地感到躺在床上的"姐姐"的无助和可怜。他低垂着脑袋站在床前陷于迟疑。萧红仍有活着的热念:"对现在的苦难,我所需要的就是友情的慷慨!你不要以为我会在这个时候死去,我会好起来的,我有自信。"

萧红认为骆宾基之所以此时想离开自己,是因为他对自己并不了解,毕竟此前只是匆匆见过两面;他对端木也不了解,对她和端木之间的关系更不了解。

面对沉默的骆宾基,萧红充满了倾诉的欲望,是战争将她和骆宾基放置在这样一个纯粹的空间,且给了她八天的时间。八天,足以说完一生的幸福与磨难。

端木到底去了哪里?在萧红最可怕的揣测里———向胆小的端木蕻良很可能独自突围返回内地,撇下连行走力气都没有的她在这无边的战争里。

然而,萧红更怕面前的友人也抛她而去,于是,她急于告诉骆宾基一些他并不了解的往事,希望他因了解与懂得而最终留下来。

"第一次见到你的时候,我就从你的眼光里感到了你是如何看待我的。你也曾经把我看作一个私生活很浪漫的女作家,是吧!你是不是在没和我见面之前,就站在萧军一边,丝毫不同情我?我知道与萧军分手是一个问题的结束,和端木结合又是另一个问题的开

第十五章　命殒香江

始。你不清楚真相,为什么就一定以为是他对、我不对呢?不应该这样武断。"

或许,萧红预知这将是自己生命的最后,然而,她总有些不甘。但这样的时刻,前尘往事呼啸而来,那是无法压制的潮涌。

她生命中的几个男子,都用自己的方式,将她放在异乡。每一次分离,她只能独自行走,而后,沉湎于下一场放逐。

而在生命的余光里,她从怨恨里打捞起之前的那几个男子种种的好。

家乡的概念,在萧红那里本不甚切的,"但当别人说起的时候,我也就心慌!虽然那块土地在没有成为日本的之前,'家'在我就等于没有了"。

萧红开始想念那个再也回不去的家了。那位暴戾的父亲,其实有着他的好,他也曾开明、温和,他让继母成为呼兰第一个穿高跟鞋的女人,让孩子们进学校读书,在家里打网球。

若不是自己放大了父亲的乖张,若不是自己执意要拗断与父亲以及家族的关联,或许不会从此流落异乡。"我已然惨败,丢盔弃甲,我要与我的父亲和解。我的身体倒下了,想不到我会有今天!"

而萧军,若她当时肯低一低头,或许,与他不仅仅只是六年的情分。萧红甚至想念起他的粗豪与霸道,起码灾难面前,他可横刀直往。这个男人虽是鲁莽,但战乱中仍可倚可靠,获得片刻安宁。

然而,这些都成了过去——与父亲恩断,与萧军情绝。

隆然的炮声中,那个本来该守候在身边的男人,一去无踪影——萧红甚至有了可怕的揣度,莫非他弃了她,去寻了安稳的去处?毕竟,她深知他的胆小懦弱。而身边这个人,只是涉世未深的弟弟,他本来忙于避这一遭炮火,却终是留了下来。

往事无补，不过空留了许多怨恨而已。

此刻，萧红最在乎的只能是守在床边的骆宾基。"我早就该与端木分开了……"这喃喃自语，不知是清醒，还是糊涂。

在这间客房躲避了八天之后，炮火追击而来，思豪大酒店遭狂轰滥炸，萧红不得不从酒店迁至后山一家被弃的别墅，随后，他们又转移到告罗士打酒店。

此时的香港成了一个烂摊子，除了敌人的炮火，地痞也趁火打劫。

后来，周鲸文想到时代书店的书库或许可以作为萧红的容身之地。返回的端木蕻良与萧红于是暂时栖身书库，以得片刻安宁。

12月25日，圣诞节。下午时分，港督下令停战，当局宣布投降。三天之后，日军入城，占领香港。港币停用，医院药店关张，滞留的居民连填饱肚子都成了问题。

此时的萧红，几乎卧床不起。

居留香港的文化人开始陆续离开，先是于毅夫，他与其他三十多位文化人士在有关方面的安排下撤离香港。他走后，由王福时协助端木和萧红撤离，并留给端木一笔钱，以备后用。

随后，柳亚子也要返回内地，端木前去送行。

1942年的新年，满是离别。身边的朋友，一个一个远离。几乎仅剩萧红孤身，她势必一个人告别。

元月中旬，萧红病情恶化，连呼吸都要攒足了力气。

萧红被端木蕻良送进了香港最大的私立医院——跑马地养和医院，这是一家新开张的医院，诊疗费也极为昂贵。

主治医生李树培诊断，萧红因气管结瘤导致呼吸困难，需要手术。

第十五章　命殒香江

然而，在是否手术的问题上，萧红与端木起了争执。端木知道结核病人刀口不易愈合，因为他的二哥骨结核开刀失败卧床十年，他担心萧红手术失败，因而拒绝签字。但萧红治病心切，自己在手术单上签字手术——战争年代，规矩都成了一纸空文，又因医生求财心切，萧红一手造成了自己的最后悲剧。

求生的欲望，在萧红那里，一直强烈地存在着——她要活着，要写。正因如此，她相信新技术的力量，可以为她彻底切除病痛，重新迎来人生。

在那样的时刻，端木蕻良拒绝为萧红的手术签字，也许是对的。只是这恰恰违逆了萧红在这段婚姻中的主导意志。如果端木蕻良换一种方式劝慰萧红，或许效果更好，然而他没有，这个自以为懂得女人的男人，又一次在"懂得"上栽了跟头。

这场冲突之后，萧红难免向骆宾基抱怨端木，甚至说自己早应该和端木分开了。恍惚之中，她甚至以为端木已经离开香港。这些，后来经过各种转述，自然就成了端木蕻良离弃的"罪证"。

手术貌似很顺利。然而，李树培为她切开气管之后，才发现是误诊。气管里哪有什么肿瘤？为了防止术后粘连，萧红的喉管中被插入了金属管，连发声都极其困难。

端木蕻良心里有隐隐的担忧。一天前，他就抱了行李守在萧红的病床边，得知误诊，他不停哀哭，并对萧红说，一定要挽救她。这样的一刻，也是骆宾基亲笔记叙——显然，与序言里所说的那位"同居者"从此不辞而别，有所冲突。

端木蕻良的担忧很快变成了现实。由于术后刀口不封，萧红的伤口发生了感染，因缺乏医药，她开始高烧不退。

端木蕻良步行四十余里赶到玛丽医院，那里刚刚恢复营业并同意接收萧红，但是手术后的萧红根本不能走路，交通工具都被日军军管，要找汽车，只能找日本人，这可是冒险的举动。不过，端木还是决定冒险一试。恰好，他在街边遇到两个正在交谈的日本人，其中一人身上佩带记者标志，端木心生一线希望，他用英语与那位记者打招呼，并说明自己的困难。

不知是萧红的幸运还是端木的幸运，这个朝日新闻社随军记者答应帮助端木。1月18日，端木与骆宾基将萧红转送到玛丽医院。

入院后，萧红喉部的金属呼吸管被换除，此时，她已完全不能说话，仅靠纸笔进行简单的表达。

然而，两三天后，玛丽医院突然又被日军接管，病人被全部赶出。萧红被转送一家法国医院，但是，这家医院随后也被军管，病人被驱赶到法国医生设在圣士提反教会女校的临时救护站。

山穷水尽。

这里的医护条件更是简陋，在颠沛与惊吓之中，萧红已无力继续支撑孱弱的生命。

生命最后的两天，她一直在昏迷。而端木蕻良一直在外面奔走，筹募医疗费用，并过海去九龙取回了萧红的《马伯乐》手稿。

1月21日，萧红醒来，精神尚好。骆宾基在这一天回九龙处理私事，守在床边的是端木蕻良。

1月22日上午十一时许，萧红永远沉睡下去。这一年，她三十一岁。三十一岁，正是多数女子的大好年华。

春夏秋冬，一年四季来回循环地走，那是自古也就这样的了。风

第十五章　命殒香江

霜雨雪，受得住的就过去了，受不住的，也寻求着自然的结果。那自然的结果不大好，把一个人默默的一声不响地就拉着离开了这人间世界了。

至于那还没有被拉去的，就风霜雨雪，仍旧在人间被吹打着。

《呼兰河传》中的描述，如同偈语。萧红自己成了受不住的那一个，只是，尚不是一声不响的那一个。

自此，她可以站在高处，看那没有被拉去的，继续在人间，被风吹雨打。

第十六章 身后

第十六章　身后

一

端木蕻良请来摄影师为萧红拍下了最后的遗容。

就死难的民众而言，萧红仅仅是其中的一个。日军规定，所有尸体要集中火化，骨灰也要埋葬在集中地点。但是，端木找到了当时负责尸体收集埋葬事务的卫生督查员马超栋，萧红去世后的第二天，马超栋到救护站收尸，端木向他说明情况，因马读过他们的作品，同意帮忙。

在马超栋的指点下，端木找到之前帮过他们的朝日新闻社的随军记者，办理了各类手续，萧红的遗体得以被运送到东区日本火殓场单独火化，并能认领骨灰。

他用毯子裹紧了萧红的身体，这与他相伴几年的女子，即将化为粉齑。毯子外面，露出几丝凌乱的发丝。端木未假思索，将那缕青丝剪下，保留在身边。直到1992年，萧红的家乡呼兰修建萧红墓时，端木才将这缕青丝放在萧红的衣冠冢之中。

一个士兵，若不战死沙场，便要返回故乡。

萧红终于客死他乡，然而因为端木，她总算有一缕受之父母的发丝回到故乡。是幸，还是不幸？

当天晚上，端木蕻良在一家古玩店买走一大一小两个瓷瓶，用以装萧红的骨灰。

之后，端木抱着萧红的骨灰来到日本人的有关部门要求将妻子葬

我贪恋这泥淖里的温暖：萧红传

于风光优美的浅水湾，竟然得到应允。

1月25日傍晚，端木蕻良与骆宾基一起，先将那个大的瓷瓶带到了浅水湾。这里的美丽风光早已在战火中消失殆尽，周围血腥弥漫。

端木四处观望，终于看到一处有水泥围栏的花池，他把这里定为萧红的安息之地。

端木蕻良后来曾在给朋友的信中说，自己面向大海，用手指与石块在那花池挖出一个坑，然后，小心地将萧红的骨灰置于其中。墓碑是他早就准备好的，当然，也仅仅是一简单的木牌——上书：萧红之墓。正是这块墓地，让周鲸文与茅盾等人，有了凭吊之地。

在面海的浅水湾，萧红终于有了安睡之地，之后的十五年，她未受惊扰，再也不需漂泊。

对海的爱，究竟是源于哪里？作家金秉英有一段记忆，她与病中的萧红偶然相遇，萧红告诉她——浅水湾附近，一处公路拐弯的地方，有一片平静的海水是湛蓝蓝的，还透明，很美。

当时她是用诗一般的语言，满怀激情向我描述早霞、夕阳、月夜大海的变化景色……当时我是静静地倾听着，因为萧红口里描绘的海是那样动人，而萧红说话的神情又不同寻常，说到末尾，已经成了细语低声。我曾想过，这是说海么？是不是有所寄托？

第二天，萧红约金秉英次年两人同去青岛观海，还可以带个男朋友去，提提皮箱，跑跑腿。

这个约定未曾成真，她便永远地躺下了。

此后的十五年，萧红睡在这浅水湾的一隅，面朝大海，看着绿荫

第十六章 身后

与花影,虽只是被草草埋葬,既无碑石,又乏冢阜。

后来,那墓畔有了一棵树,孤单清傲,总让人想起瘦弱的萧红。只是后来,那独树被砍伐,坟地被填平,上面搭了帆布棚,作为卖汽水食物的摊子。

十五年后的1957年,萧红的骨灰被迁回内地,落脚广州。而这里,是她从未踏足的地方。

萧红的另一半骨灰,则在第二天被端木蕻良秘密埋在了圣士提反女校后院土山的一棵树下。这样,即使另一半遗失,总能保全这一半。

病重时的萧红,曾希望骆宾基将她送至上海许广平处,而临终之时,她亦嘱托:一旦不治,先葬于面向大海之处,将来如果有可能,恳请葬在鲁迅的墓旁。

这就是1942年的早春,对于萧红而言,是永逝,对于端木来说,是永别。

得知萧红的死讯,萧军也写过几则文字,其中写于1942年6月初的纪念文章中,有如下的字句——

师我,友我者死了,
知我,爱我者也死了。

得知了她死的消息,我没什么特殊的感觉,只是觉得心里有一些闷塞,呼吸比平常仿佛困难了些,正好新换了一册日记,就把从报纸上剪下来的消息贴在了第一页上,用墨笔画了一个边框,在左下角又写上上面那两行字。——这就算作纪念罢。

……

我应该写几句话纪念她,无论从哪方面说——六年相共的伙伴,一个给与她的民族、国家以及人类带过一些光与热的作家……——这决不是浪费。

让那些无良者们忽视她底存在和诬蔑她底功绩罢!我们却不能……

此时,萧军已在延安,如火如荼的政治潮水,将他裹挟其中,他长篇大论地书写着在延安的日记,对昔日爱人的离散,并无更多的话好说。

随后,胡风有信寄来,说到即将由香港奔赴重庆的打算:"敌人打了来,但我却活着回来了。然而悄吟却死了。"

香港之行,胡风曾见过萧红一次,那最后的一面,留给后来无尽的伤感——

我到港后见过她一次,皮包骨头,面无血色,后来不愿也不忍再见了。现在听一听,回忆起来,她自西安回来后,我对她是过于残酷了。我想她已绝望,但她自己也许还有寻求再生的念头的。但现在她已死了!我要写一篇回忆,但牵及人事太多,还不能动笔。

这封信记载于萧军的日记中,除了信件原文,还附加了一两句,其中,包括他接到信的心情:"夜间读《路加福音》到第二十一章。高尔基《我怎样学习》一遍,困得不能支睡下。得到胡风一封信,心里很愉快。这是今年接到外面的第一封信。"

诚然,萧军的愉快是因为得到久别的朋友的消息;然而,其中关于萧红最后的挣扎,实在叫人愉快不起来。

第十六章　身后

萧红病逝后不久，端木蕻良给许广平发了一封信，告知萧红去世的噩耗，而后请求她委托鲁迅的老友、内山书店的老板内山完造出面保护萧红的墓地。然而，战乱之下，人人以求自保，许广平无暇向内山转告端木的嘱托，也未曾给端木回信。

三四年后，许广平在回忆萧红的文章中简单提及此事，满心愧疚。

爱人与这片岛城一起陨落，端木实在不能继续待下去了。

1942年2月，端木蕻良与骆宾基以及另外一位友人乘坐日本客轮离开香港前往广州。

他的恶名却从此留下了。

最初涉足萧红与萧军之间，友人们对端木多是不屑，这种不屑，是对同出东北却有些"异端"的端木的排斥。而如今，萧红盛年而逝，众人便将这种惋惜化为责难，全部倾于端木之身。

在绕道去往广州的路上，端木与骆宾基曾歇脚于桂林，在桂林的两个月，端木与骆宾基曾有一次争吵。

当时，他们暂住孙陵的书店，后来孙陵回忆，那次，骆宾基大声吵嚷着，非揍端木不可，并声称萧红是让端木气死的。还云："萧红遗嘱将《生死场》的版权送给萧军，《呼兰河传》的送给骆宾基，《商市街》的送给弟弟，什么也没有留给端木蕻良……"

对此，端木蕻良的解释是，萧红为了感谢骆宾基在医院的陪伴，曾经与自己商议，付一部分报酬给骆宾基。毕竟战乱中的陪伴，让他遭受原本可以躲避的惊扰。开始，萧红想把《生死场》的版税送给骆宾基，但是《生死场》与出版方签署的是十年的合同，到此已经所剩无几，因此，萧红决定将《呼兰河传》的版税送给骆宾基，而不是版权。

朋友见证下的争吵，经人口口相传，未必还是原来的模样。

而端木蕻良,从此面对众人的嫌恶,大概是他不能推却的人生。

实情到底如何?逝者已逝,众人的回忆,难免因亲疏也各有立场。

端木蕻良的"娇气"众目所睹,不必刻意掩盖。然而,如果说他与萧红之间没有情意,也着实冤枉了他。

萧红短短的一生,历经几段感情,真正与其有一纸婚约的,只有端木。1938年的那个5月,端木蕻良执意给萧红一个婚礼,虽简单,但正式。他将萧红之前的磨难归于跟那些男子并未结婚,从而让他们为所欲为。可见,与萧红同行,端木蕻良也曾郑重地许给她一个看得见的未来。

萧红因家务和照料端木蕻良而劳碌,在这段婚姻中,有端木对她的忽略,而如同周鲸文的见证,萧红也确起着主导作用,事事亲躬。

然而,萧红已逝,周遭的人把旧有的印象与对萧红的惋惜,集合为怨念,施向端木蕻良,他大概真是百口莫辩。

对于萧红所遇的男子,孙陵概括道:"三郎爱她,不过是爱她有女人之用,端木蕻良爱她,只是爱她有女作家之名。都不是真正地爱她。她终于在三郎的殴打、端木的冷淡之下,衔恨以终。"

孙陵的说辞不作评价,但萧军的热暴力与端木蕻良的冷暴力,他以朋友之身,大约是时常见闻的。不过,以他者的见闻来看,端木蕻良在萧红生命的末尾,应该还是给予了她爱与温情。

只是,逝者已长逝,谁又能说得清楚?所有的喟叹,到底不是感慨于萧红,而是感慨于命运。

周鲸文在1977年曾经谈到二人的感情:

> 两人的感情基本不虚假,端木文人气质,身体又弱,小时是母亲

第十六章 身后

最小的儿子，养成了"娇"的习性，先天有懦弱的成分。而萧红小时候没有得到母爱，很年轻就跑出了家，她是具有坚强的性格，而处处又需求支持和爱。这两性格凑在一起，都在有所需求，而彼此在动荡的时代，都得不到对方给予的满足。

这大概是最为公允的评说之一。

二

当年，在萧红被安顿于思豪酒店后，端木蕻良是否曾经离开她？骆宾基的回忆，言之凿凿；然而，从其后面的文字中又不难看出，萧红生命最后的四十四天，也时常出现端木蕻良的身影。

萧红辞世四十年后，也就是1981年6月25日，美国学者葛浩文在访问端木蕻良时，曾经问及这段经历。

那一刻，年届七旬的端木蕻良只是放声痛哭。

1996年10月5日，端木蕻良与世长辞，曾经种种便随他永远长眠，不为人知了。

总有后来人试图从蛛丝马迹中，寻找当年的痕迹。2009年11月，端木蕻良的夫人钟耀群接受了萧红研究者章海宁的访问。

对端木蕻良的这段经历,钟耀群并未刻意掩饰,她坦承当年在思豪酒店安顿萧红后,端木确实离开过大约一周。说到离开原因,"钟耀群哭了起来,她说端木多年来一直不愿意说,因为端木回酒店时发现了骆宾基与萧红的私情,他的感情受到了伤害,他在愤怒中跑了出去。但后来端木想到萧红在病中,他不忍心丢下萧红,又回到了萧红身边。端木对萧红非常敬重,他不愿意再提及此事而伤害萧红"。

认为萧红与骆宾基存有恋情的人也不少。

孙陵在《我熟识的三十年代作家》一书中,除了写及骆宾基和端木蕻良在桂林的争吵,还有另外一些引人所思的细节。

也是在那场争吵当中,骆宾基揭穿端木蕻良眼见萧红快要不行了,还忙着追周鲸文有钱的小姨子,他还告诉一边的孙陵:"萧红答应病好了以后嫁给我!"而当骆宾基发现孙陵听后似乎在笑他时,很不好意思地红着脸说:"是真的!她说她爱我!"骆宾基出去后,端木蕻良亦找孙陵申辩:"你不要听他的!一个肺病第四期的人,躺在床上不能动,就算是爱他,怎么能表示出来?既不能拥抱,也不能接吻,又不会讲话!"

孙陵笔下颇多调侃,未必全部可信,但对萧红、骆宾基之间所谓的恋情描述,应不是凭空捏造。

死的恐惧,未死的是无法想象的,亦不能看清他人最后对世界的留恋。

久卧病榻的萧红,周围笼罩的是死亡的威胁。恍惚之中,她对伴侣的失望、对陪伴的期待兼而有之,不是不可能。虽是病中,但萧红依旧渴望爱与被爱。只是,炮火隆隆,所有的期待,都变得遥不可及。

第十六章　身后

骆宾基此时日夜陪伴，二人之间情愫暗生，未必不可能。

骆宾基生于1917年，小萧红六岁。二十五六岁的男子，在争吵的情急之下，说出这番话，虽对逝者声名有所贬损，也是情有可原。

那么，端木离开思豪酒店以及此后经常离开萧红时做了什么？

《萧红小传》中，萧红问端木："你不是准备突围吗？"端木回答说："小包都打起来了，等着消息呢。"

端木蕻良的侄子曹革成则说，端木蕻良除了取款筹钱、联系医院、与人交涉等工作外，还回到住处整理萧红和自己的东西，诸如《呼兰河传》《马伯乐》《大时代》等手稿，以及萧红的一枚印章和许广平送的几颗红豆——大概真是为突围而做准备。

端木最后显然未能突围，或许是萧红病重让他改变初衷，也才有了端木带着行李守在萧红病榻前的一幕。

与端木有过一段密切交往的音乐家马思聪，于1975年给夏志清的信中说，与端木认识以后，"我想端木的为人并不是一个存心不厚道的人"。

关于端木并非"存心不厚道"，亦有另外的插曲。

端木蕻良的自述中，曾提到一双皮拖鞋的故事——这双鞋与萧红有关，也与鲁迅先生有关。

那时，端木蕻良还在上海，日军的炮火刚刚开始袭击这座城市。端木蕻良住在亚尔培路一个木器店的后楼上。这里原是他的朋友杨体烈的住所，后来，杨体烈邀请端木蕻良同住。端木想到两人同住，可以相互照应，就欣然答应。

不久战事的阴霾笼罩了上海，杨体烈返回四川老家，端木蕻良便搬至胡风处，同时筹买离开上海的车票。在胡风家，端木蕻良单独住在一个小间里，胡风为他拿来一双破旧的皮拖鞋，这双拖鞋原是鲁迅穿过的。

端木便向胡风要了这双拖鞋，自己保存了下来。

萧红与端木蕻良动身奔赴香港之时，并未来得及整理行李，只是略微收拾了些生活必需物。整理行装时，萧红在端木蕻良的小箱子里发现了这双拖鞋——原来，萧红也穿过这双拖鞋。

有一次，萧红到鲁迅大陆新村的寓所去，途遇大雨。萧红因心情不畅，便径直从风里雨里穿行而过。待到鲁迅先生家时，她已全身湿透。许广平赶忙为她找来衣服换上，还拿来一双极大的拖鞋。萧红拖着这双鞋，几乎连路都走不起来。

想必，萧红与端木蕻良都未曾想到，他们二人都穿过这一双拖鞋，而一双破旧的鞋子竟联结着一个时代的风云。

二人将这双拖鞋小心包裹带到香港。萧红去世了，它又随着端木蕻良抵达桂林，见证了湘桂大撤退、日本投降、解放战争……

端木蕻良说——在我流浪的生活中，几乎失去了所有的一切，但是，这双拖鞋是不能失去的，因为它是历史的见证。

1948年，端木蕻良准备再次去香港前，把这双拖鞋托付给自己二哥曹汉奇，并告知了它的重要意义。而后，曹汉奇与家人，几乎以生命保护着它。

逝者长已矣。所有关于善恶的争辩、情深与寡义的评说，在逝者身后，都不足道。

生离与死别，在外人看来，不过是简单的一幕，连评判都是主观的。然而，谁又知道背后的辛酸，谁又想到在时代的涡轮之中，上天所给予的那些不能推却的施加。

第十七章 童年

第十七章 童年

一

呼兰的水绕县城西南而过，水面越发平阔，在哈尔滨附近四公里处，注入松花江。

清宣统三年，也就是1911年。

20世纪的初叶，呼兰，这个地处酷冷的边地小城，竟然有些繁华景象。春末到秋初，木排在呼兰河上顺水漂流；隆冬季节，河面冰冻三尺，骡马车辆皆可通行。这是上天给予这座小城特别的恩赐，走向哈尔滨的车马人群，把小城作为歇脚之地。

小城不大，南北、东西两条大街搭建起小城的支架。那十字街上，有金银首饰店、布庄、油盐店、茶庄、药店，也有拔牙的"洋医生"。

正值初夏，远在关外的呼兰，凉爽宜人。

而整个中国，则处于激烈的变革之中。此时，清政府正焦头烂额地寻着出路，雄起的革命火焰在各种流血和牺牲中，映照着黑暗的长夜。

只是在这小城，没有几个人去管外面的世态纷乱。

正是农忙前夕，看看后花园里那些花儿、蜂子、蝴蝶、蜻蜓、蚂蚱，红的红，绿的绿，心里就漾出几丝满足。那花儿，想开就开。那鸟儿，想飞就飞。那虫子,想叫就叫。那倭瓜,愿意爬架就爬架,愿意上房就上房……

一切,都惬意极了。

呼兰县城龙王庙路南的张家大院里,正忙碌着。

60多岁的老祖父张维祯,正和家人一起,迎接他的第一个孙辈。

张家祖上是闯关东的山东移民,来自山东聊城莘县。经过几代人的劳作,张氏家族在清光绪年间,已经成为吉林、黑龙江地区有名的地主,除了田产,张家还在阿城等地购置房产,兴办商号。

极盛而衰。张家的家族矛盾,因资产扩大日益尖锐起来,分家成为大势。张维祯是张氏家族在东北的第四代的一支,分得呼兰的部分田产,他带领家人迁往此地。

张维祯性情温厚,其妻范氏精明能干,于是,操持一大家子的重任便落到了范氏身上。尽管女子当家,张家在呼兰的日子照样风生水起,仅有一项"憾事"——张维祯年过半百,膝下除了三个女儿,并无男丁。在三个女儿出嫁之后,他们在族中选定了三岁丧母的堂侄张廷举作为继子。

那一年,12岁的张廷举从阿城来到呼兰,承欢于张维祯夫妇膝下。

如今,迈入老年的张维祯,安然面对下一代的到来,心里有着另外的快意。

一声女婴的啼哭,在繁忙的张家大院里,并没有显得格外嘹亮。当然,也不会有人意识到,她将在后来时代的进退中,散发出不同于他人的文学光华,又卷入不能消弭的孤独人生。

那一天是端午节,也是公历的6月1日。这个女婴,家人给她取名张迺莹。

第十七章　童年

二

女婴的出生,并未给父辈带来多少荣耀与满足。慢慢长大,她便与祖父在后花园里逃避世俗杂务。

一到了后园里,立刻就是另一个世界了。绝不是那房子里的狭窄的世界,而是宽广的,人和天地在一起,天地是多么大,多么远,用手摸不到天空。

而土地上所长的又是那么繁华,一眼看上去,是看不完的,只觉得眼前鲜绿的一片。

一到后园里,我就没有对象地奔了出去,好像我是看准了什么而奔去了似的,好像有什么在那儿等着我似的。其实我是什么目的也没有。只觉得这园子里边无论什么东西都是活的,好像我的腿也非跳不可了。

如果没有祖父和后花园,我们难以想象,她的童年将如何乏味凄清。而如果没有祖父和后花园,她的内心或许也不会埋下行走的种子,也许她将同大多数同样出身的女子一样,嫁与那个父亲安排好了的王恩甲,而后,寂静地走完一个寻常女子的一生。

同样,那些闪烁着生命和自由能量的文字,我们也将不会看见了。

后花园的蜂子与蝴蝶，以及小儿女望不见边沿的绿意，塑造着她敏感且敏锐的性情。

她还喜欢吃。邻家的乳猪掉到井里了，小猪被打捞上来，便归了祖父。他搅了黄泥，裹了那溺亡的小猪，放在炕灶里烧熟给她吃。小猪之外，她还吃过溺水的鸭子，比较之下，鸭肉的味道更胜一筹。

"快蘸点盐吧，快蘸点韭菜花吧，空口吃不好，等会要反胃的……"祖父越是赞她能吃，她便吃得越多。

自那以后，她便时常围在井沿，等着鸭子掉进去。

那真是无忧的岁月。

秋雨之后，后花园开始凋零。花事黄败，苗木少了整齐健康的精神，等大雪落下，后花园也被埋了起来。

还好，她找到了两间极小的储藏室。那里是黑的，也没有祖母与母亲的责骂。而随便打开哪一只箱子，总有好看的东西等在那里——花丝线、绸布条、香荷包、绣花领子、蓝翠的耳环与戒指。

但这不是她的兴趣所在，那些抽屉里的铜环、木刀、竹尺、观音粉才是她的最爱。她左手拿着木刀，右手拿着观音粉，这里砍，那里画。后来，又搜寻到了一把小锯，椅子腿与炕沿都没有逃过她的破坏，吃饭的时候，她便用这小锯锯馒头。

玩腻这些，她继续翻腾，而后，那清朝的帽子与多少年前的大鹅翎扇子也被找了出来，由她戴在头上，摇在手上。

那些旧物，是父辈的生活，如果不是这个精灵般的孩子，大约永远不会重新动起来。

第十七章 童年

他们过的是既不向前、也不回头的生活。凡是过去的，都算是忘记了，未来的他们也不怎样积极地希望着，只是一天一天地平板地、无怨无尤地在他们祖先给他们准备好的口粮之中生活着。

于是，她天天从那小黑屋子中往外搬着，天天有新的发现。搬出来的，是自己的玩物，也是祖父母的感慨——旧物上有青春岁月，还有家族盛败的回忆。

只是，在她看来，这黯哑的黑屋子，虽然总是创造着新奇，却远不如在平阔的后花园里奔跑更快意些。

虽说，有父亲的冷淡、母亲的恶言恶色、祖父母在窗外用针等着她捅开窗户纸的手，可童年的她，丰衣足食，还有祖父的痛惜，说实话，并不坏。况且，祖父说过，有钱的孩子是不受什么气的。

三

6岁时，她开始跟祖父学诗。晚上念诗，半夜醒了也是念诗。念了一阵，念困了再睡去。

祖父教她《千家诗》，没有课本，全凭口头传教。

正是从这个时候起,她与祖父的生活,在寻找后花园的花花草草蚂蚱蜻蜓之外,多了一项内容。祖父口授《千家诗》,是她接受中国古典文学熏陶的开始。

去年今日此门中,人面桃花相映红。
人面不知何处去,桃花依旧笑春风。

这是她喜欢的一首诗,因为其中有桃花——桃花一开就要结桃子了,桃子好吃。小女孩的心思里,哪里有"人面不知何处去"的怅惘?

每每念完这首,她总是会问——今年咱们的樱桃树开不开花?后面的园子里,就有一棵樱桃树。当然,还有一棵李子树。这樱桃树与李子树都不大结果子,诗念到这里,樱桃树什么时候开花,总是个念想。

那首贺知章的《回乡偶书》,大约是她最早接触的古诗。
祖父说:"少小离家老大回……"
她也说:"少小离家老大回……"
那些字句,她全然不知道什么意思,只是,那念起来的节奏好听,她便不厌其烦地在嘴巴里念咕,兴头上,几乎喊了起来,声音大得要把房顶掀翻,甚至,不分昼夜。

"'少小离家老大回,乡音无改鬓毛衰',这是说家乡的口音还没有改变,胡子可白了。"

她问祖父:"为什么小的时候离家?离家到哪里去?"

第十七章　童年

祖父回答："好比爷像你那么大离家，现在老了回来了，谁还认识呢？'儿童相见不相识，笑问客从何处来'，小孩子见了就招呼'你这个白胡老头，是从哪里来的'。"

这是祖父对贺知章的《回乡偶书》最为通俗的解释。

然而，在她听来，有所心慌，赶快问祖父：

"我也要离家的吗？等我胡子白了回来，爷爷你也不认识我了吗？"

祖父接话："你不离家的，你哪里能够离家……快再念一首诗吧！念'春眠不觉晓'……"

幼年的她，对离家心怀恐惧。可诗句如同预言，宣告了她再也无法回到故土的未来。而人生，也果真如梦，恰恰是，春眠不觉晓。

又是春天了，她穿行在后花园的花红柳绿中，躲避着父母的漠视与祖母"死脑瓜骨"的数落。

转眼，她8岁了。

那是7月的末尾，母亲病了几天，家里的医生来来往往——他们或骑着白马，或坐着三轮车，最高的那个用银针刺了母亲的腿，说："血流则生，不流则亡。"

她站在一旁，确确实实看到那针孔里没有流血，只是母亲的腿上凭空多了一个黑点，生命的停滞与哀伤，大约就凝于那一点上。那银针自母亲的腿上拔出，却刺在她的心上——"母亲并不十分爱我，但也总算是母亲。"

34岁的母亲，终于命陨于那个酷热的7月。三个月之后，父亲又娶新妇，此时，她与弟弟鞋面上的白布尚未撕去。父亲的性情，也似乎从此变了模样,偶尔打碎一只杯子,他便骂到使人发抖的境地。

后来就连父亲的眼睛也转了弯,每从他的身边经过,我就像自己的身上生了针刺一样;他斜视着你,他那高傲的眼光从鼻梁经过嘴角而后往下流着。

或许,童年就是在那个7月终结的吧。

后花园的太阳依旧特别大,天空依旧特别高,玫瑰依旧怒放,樱桃和李子照样没挂几个果子。然而,她的天空,开始低矮了起来。

不过,值得庆幸的是,她仍有祖父。在冬日大雪的黄昏中,围着暖炉,听祖父读那些动人的诗篇,看着祖父的白胡子和微红的嘴唇,心里就沉静了些——那雪也不那么冷了,如白的棉絮,缓缓飘动。

祖父的这间房子,是她躲避父亲责打的居所。祖父将手放在她的肩头,又摩挲她的头说:"快快长吧,长大就好了。"

那时,她还不叫萧红。

在后花园和大雪地里,祖父的声音,时时追在她的身后,喊着她的乳名——荣华。